SINTOMAS

(2013 - 2014)

Yvette K. Centeno

Ilustração de Vera Kace

Design de Mariana Viana

Edição de Bernardo Moreira

ISBN-13: 979-8-6445-2759-5

DEDICATÓRIA

À minha mãe
(in memoriam)

Ao Bernardo, aos nossos filhos e netos

Do not go gentle into that good night...

Não entres dócil nessa noite boa...

(Dylan Thomas)

Não terá certamente influência, mas sempre tomo nota: é dia 13 de Junho de 2013.

Evoca-se Fernando Pessoa, tinha de ser: nas ruas, nas festas populares, nas livrarias, nos canais (alguns) de televisão.

Muita cultura? Pouca vida sentida, pouca vida vivida.

Mas é estranho, no seu dia de nascimento, ou no dia da sua morte, em Novembro, alguma coisa me ocorre que tem a ver com ele. Ou alguma coisa vem ter comigo, tendo tudo a ver com ele, a sua vida outra, a mais secreta, a menos conhecida.

Entro num café. Em frente ao balcão, onde vou pedir um leite com chocolate da UCAL (para o que me havia de dar...) uma senhora de idade.

Digo uma senhora de idade, mas deve ser da minha idade. Podia ser eu.

Hesita, olhando para os bolos e os salgados, enquanto a jovem que está a atendê-la, aguarda, amável, com um sorriso. A senhora hesita porque lhe fugiu de repente da memória o nome do salgado, sim era um salgado, que queria pedir.

Foi apontando com um dedo, a menina ajudava:

Um rissol? Estes são de camarão, este de leitão.

Há rissóis de leitão? inquiriu a senhora, enquanto tentava recordar o nome do salgadinho escuro, triangular, mais ao fundo da travessa.

Há sim, há de leitão. É o que quer?

Não, não... é em triângulo, um picante...

Se calhar é um bolo? um palmier?

Não, não é bolo.

A senhora apontou com o dedo o triângulo picante, escurinho, que na verdade se via mal, quase debaixo dos rissóis. É aquele.

Ah, exclamou a jovem, aliviada, não fosse a senhora ir embora e o patrão zangar-se com ela. Isso é uma chamussa. É muito picante, tem a certeza?

Tenho, tenho.

A senhora também respirou de alívio.

Acontecia-lhe agora com mais frequência escapar-lhe um nome, de pessoa ou de objecto, ou como ali, de comida, no preciso momento em que era preciso nomear.

Indicar seria fácil, mas nomear estava a tornar-se difícil e aborrecido.

Agradeceu: obrigada, menina.

Pode ir para a mesa, que já levo.

A senhora agradeceu de novo e foi sentar-se.

Eu bebi o meu chocolate ali mesmo, de pé.

Já me tinha acontecido o mesmo. Precisar de um nome e ele desaparecer.

Ao computador dava erros de dislexia.

Mas havia pior: não saber que comprimidos tinha tomado, e quantos.

Esquecer de imediato a conversa que tinha tido. Não o sentido geral, mas a razão da conversa, ou o seu início, coisas assim.

Na hora de pagar, tinha uma nota de vinte euros no bolso, paguei e fiquei à espera do troco.

Olhei para a senhora. Tinha comido a sua chamussa, sem beber nada, nem um copito de vinho branco, nem sequer um café.

Estive quase a meter conversa com ela.

O que agora me espanta, é que no acto de escrever esta pequena nota, não é sobre a dificuldade dela que estou a pensar, mas sim em como se escreve a palavra chamussa: com os dois ss que utilizei ou com o ç de cedilha, como se costuma dizer. Preciso de um dicionário!

2 de Julho

Já foi quente, já foi frio, está quente outra vez.

O que me apetece é ler, mas não encontro um livro apetecível.

Escrever?

O quê e para quê?

Alguém me lerá, de verdade? Os Sintomas foram para um blog de amigos, o "de outra maneira" e foram bem recebidos. Já não é mau... Os blogues seriam hoje em dia, para mim, o espaço ideal. Escrevo e só lê quem quer, não há pressão.

Neste momento é só política e mais política - politiquice de má fé e intriga no centro das atenções. Se não és dos meus és contra mim...Também é certo que não escrevo para políticos, nem para fazer política...

Desabafo, como cidadã cumpridora, e agora revoltada, mas não mais do que isso. Já não tenho idade, nem capacidade. Reconheço os limites, fico pelo que sei e gosto ainda de fazer. A escrita é libertação? Para mim é, mas é também resistência e divertimento. Quando deixar de ser, páro, chegou o tempo.

3 de Julho

Ajudará, nesta altura, ir buscar imagens da pequena infância? Tanta gente me pergunta. Muitas vezes os netos. E os filhos, sobre a família da Polónia.

Ao espelho, na casa do Jardim das Amoreiras, num prédio agora em frente ao condomínio novo chamado Bagatela (era o velho nome do pátio de outrora) desmaio. É o meu pai que me levanta do chão e me leva para a cama.

A presença mais constante nesses anos, eu teria 3, 4 anos, era a do meu pai.

A minha mãe trabalhava todo o dia numa organização internacional de apoio aos exilados ou fugitivos judeus, o ano era de 1943 ou 1944, eu tinha nascido em 1940. Era preciso enviar de tudo, comida (foi o sucesso das nossas conservas de atum e de sardinha) e roupa para os países ocupados. Logo a seguir tratar dos emigrantes judeus que conseguiam escapar às perseguições e aos guettos, embarcar em navios ingleses e chegando a Lisboa tentar outros países: Argentina, Brasil, Estados Unidos da América. Um ramo da nossa família Katz ficou por lá, nos Estados Unidos. Mas do lado da minha mãe, os meus avós, tias, sobrinhos pequenos, esses morreram todos, à excepção dos que já estavam em França, tinham ido antes da ocupação, para estudar.

Aos domingos, de novo com o meu pai, ia ao Jardim Zoológico, onde aprendia a patinar com um professor africano, alto, elegante, e que nos fazia deslizar, ora a mim ora às outras crianças, em círculos que se desejavam perfeitos. Valsar, entre manhãs felizes. A seguir o meu pai convidava o professor a almoçar connosco: salada de atum e batata cozida, é disso que me lembro. Talvez tenha ficado desde aí o meu prazer das esplanadas ao ar livre, pois com o meu pai foi sempre em esplanadas, ele a ler jornais ou a falar com alguns amigos, eu a ler as revistas de quadradinhos do tempo, de que me lembro. Comecei a ler muito cedo. E lembro ainda que as conversas dele eram meio secretas, meio complicadas, e as revistas que me dava eram para eu não dar grande atenção e sobretudo não incomodar. Mas nunca incomodei, eu gostava mesmo de ler, de me embrenhar naquelas aventuras mágicas do Superhomem, do Mandrake, do Homem Aranha...

Na casa, do tal pátio Bagatela, eu ao fim do dia brincava com amigos da mesma idade: o Vasquinho e a irmã, Guidinha, e o Rui, do andar de baixo. Todos da mesma idade, ou quase e todos do mesmo prédio. O Rui andava comigo na École Française de Lisbonne, a primeira versão do futuro Liceu Francês, onde depois andaram os meus filhos e agora andam ainda alguns dos meus netos.

O Vasco e a Guidinha vieram um dia connosco de férias para Monchique, onde a minha avó ia às termas. Enquanto os grandes repousavam, nós fazíamos grandes escapadelas pela floresta, com cajados enormes, vermelhos. Uma floresta de magias e medos. Destes nunca mais soube nada, do Rui acompanhei mais tarde parte da sua vida. Era saxofonista, chegou a dar aulas ao meu filho Pedro.

O tempo da infância era feliz, os grandes na vida deles e nós na nossa. Ia cedo para a cama: nunca ouvi falar da Guerra em que a família da minha mãe quase toda morreu, exterminada nos campos de concentração da Polónia. Destes meus avós não tenho recordação nenhuma, nem um retrato sequer. Só mesmo muito mais tarde, em Paris, em casa da minha tia-madrinha (a ela devo este nome de Yvette) ouvi as histórias dramáticas de quem morreu, numa família de nove irmãos, e de quem escapou por já estar a estudar ou já casado em Paris. Paris era a Cidade-Luz, havia a esperança errada de que ali o povo seria poupado. Uns foram, outros não. Dos nove irmãos, ficaram os que estavam em Paris: três homens e uma mulher, a minha tia, e a minha mãe, a mais nova de todos, que viria embora ter com o meu pai para Portugal, em 1939. Ele estava também em Paris, nos seus contactos com o meio artístico e político de oposição ao Regime Salazarista, e preveniu-a de que a França seria também invadida e o melhor, não sendo ela casada, como a irmã, que casara com um francês, era vir ter com ele para Portugal. Estavam apaixonados, e assim se fez, como nas histórias de amor. Ela ainda teve tempo de prevenir os pais, em Lodz, sua terra natal, escandalizando-os: um português? Mas são uns bárbaros... Como é possível?

Nos anos seguintes veio a Lisboa outro irmão, de passagem para a Argentina, num navio inglês, já com a ajuda da organização onde a minha mãe trabalhava. Ficou um tempo no Estoril, onde íamos ter com ele ao Palace Hotel, e lembro-me de brincar com um dos grooms e de ir à praia, ficando na areia, desconfiada das ondas do mar. Tenho um retrato antigo em que estou sentada, a olhar para o mar, chapéu de pano na cabeça e baldinho na mão. Que idade teria? Quatro ou cinco anos, no máximo. Fará sentido evocar imagens tão distantes? São felizes, mas são distantes. A distância faz com que deixem de existir... Não sinto nada, são passagens neutras, são de uma outra vida, como se já não me pertencessem. O que fui já não sou hoje, mas não deixa de ser verdade que o que fui deixou as marcas que me definem hoje, nos gostos, nas escolhas ou recusas. Há nessas imagens grandes espaços de silêncio e de ausência. Buracos na memória. Eu em casa ficava com a cozinheira, ou ia com ela à Praça, trazia peixinhos numa cesta de verga que ela me tinha oferecido.

Sardinhitas, dizia ela, bem bom.

Lembro-me, anos mais tarde, de ouvir a minha mãe comentar: houve racionamento, nesses anos da Guerra, mas tão bem organizado que não se pode dizer que se passasse fome. Nem a manteiga faltava. Vi, ainda pequena, teatro e cinema: As Aventuras do Zé do Telhado, no Dona Maria II. E o Bambi, no Tivoli. Com o filme chorei tanto que tiveram de sair comigo mais depressa.

5 de Julho

Em 1946 (tinha eu seis anos) fomos para a Argentina ter com o irmão da minha mãe, o tio Léon. Por isso digo que estas são imagens da pequena infância.

Ficámos a viver em Buenos Aires, com o meu tio, primeiro, e depois em nossa casa, já perto do Colégio de freiras francesas que passei a frequentar. O jardim era imenso, e havia muito tempo livre para brincar depois da oração na Capela. Em que pensava eu? No livro que estava a ler, em casa, uma Vida de Haydn, em letra grande, papel de luxo, só agora me dou conta de como já gostava de belas e cuidadas edições. Tínhamos aulas de catequese, mas a exigência era simples: por cada boa acção desse dia colocar uma pedrinha no berço de um menino Jesus, que estava à entrada da sala de aula, num presépio. Devo ter posto algumas, como boa aluna. Foi lá que fiz a Primeira Comunhão. De manhã era a minha mãe que me levava: passávamos junto aos jardins do Palácio Presidencial, lembro-me de ver Evita Perón a brincar com os seus cães e de achar aquela senhora muito bonita, com o seu cabelo loiro puxado e enrolado numa trança no alto da cabeça.

O meu tio, no Dia de Reis, que era o dia das prendas, fazia-me a surpresa de me deixar presentes, tocando à porta e fugindo. Quando voltámos a Portugal discuti com os meus primos, que sim, que existiam, o Pai Natal e os Reis, e eles faziam imensa troça. Viver com o mistério da magia e da surpresa era um sentimento tão bom!... Já casada, o meu marido e eu mantivemos durante muito tempo a alegria da surpresa das prendas de Natal, para os nossos filhos. Eram as manhãs em que eles nos vinham acordar, excitadíssimos, dizendo estão ali as prendas, estão ali as prendas, que nós atribuíamos ao Pai Natal e ao Menino Jesus, de forma simples: O Pai Natal traz as prendas para o Menino Jesus poder brincar, já que os Reis Magos traziam coisas mais subtis, para a Virgem Maria e para São José.

Voltámos para Portugal quando o meu pai, cheio de saudades, acreditou de novo noutra espécie de magia e de surpresa, a da mudança de Regime, para uma sociedade mais justa e mais fraterna. Mas não houve mudança antes da sua morte, em 1973... Logo a seguir veio a Revolução de Abril, cravos e rosas, e depois muita desilusão. Os desgostos estavam guardados para a velhice, com a morte de amigos, de gente muito querida na família, e numa sucessão dramática: tudo, ao mesmo tempo, quase mês a mês... eu até já tinha medo de abrir os jornais da manhã.

6 de Julho

Escrever dá-me fome: fui comer. Já era assim quando nova e estudava para os exames. As minhas amigas emagreciam, eu engordava um, dois quilos.

O pensamento em mim puxa o alimento… (piadinha que direi ao Rui Zink, sempre cheio de pensamentos, no Facebook, a nova praga de comunicação e fingimento… o que ali se adivinha e se expõe, na gente mais velha, é muita solidão, muita hora perdida! Não me refiro ao Rui, é claro. Tem ainda a energia de um jovem que aspira a mudar tudo). Voltando ao exercício que me propus fazer, de anotar coisas soltas, imagens daqui e dali: se procurar alguma fotografia de criança vejo uma menina de caracóis louros, chapéu de palha, no campo, na quinta da avó Rosa, em Tavira, ou de chapéu de pano mole, na praia, em Lagos, com os meus tios e primos. Essa menina já não sou eu. Alguma vez terei sido? Se, como se diz, somos logo o que seremos? E onde está ela agora, descontraída e feliz? Se fui, já não sou, já não me reconheço e nem sei como ainda me lembro deste ou daquele episódio. Vivi? Sonhei ou inventei?

Há memórias que se inventam por absoluta necessidade de saber mais, ou simplesmente de ser feliz (ter sido feliz) nessas memórias. Faz sentido?

Sou franca, não acho que faça sentido, a menos que se queira escrever e se precise dessa matéria, real ou irreal, de tão antiga, para o exercício da escrita.

Um fiozinho bem ténue... que nos estruture em momentos difíceis. Uma espécie de impulso, um empurrão que ajude em certos momentos da vida.

7 de Julho

O regresso de Buenos Aires a Portugal foi feito de barco, durou três semanas, durante as quais li As Aventuras de Pinóquio, que o meu pai comprara em português para eu retomar contacto com a nossa língua. Em Buenos Aires já só falara castelhano, no colégio, e francês, em casa, pois era a língua em que todos comunicavam, naquele tempo. A minha mãe ainda não falava bem português nem castelhano. Seria de propósito? Seriam tudo saudades da sua França longínqua, da sua irmã, de quem tinha saudades? Portugal, país de bárbaros?

As minhas línguas de infância foram o francês, depois o castelhano e agora o regresso ao português, que a minha mãe continuava a ignorar, falando, e mal, só quando necessário. Em casa, e até muito tarde, foi assim, só se falou francês. E eu tinha já dezoito anos... Mas era normal, porque a maior parte do tempo era em França que a minha mãe pensava, na sua família, na Paris da sua juventude. Volta-meia-volta lá ia ela embora, e me levava consigo. Tempos felizes. Eu fui sempre feliz em Paris, e não é por causa da rima. Íamos de comboio, no célebre Sud-Express, parando largas horas em Espanha, de noite, para mudar de locomotiva.

Há crianças, nos meus sonhos.

Recorrentemente, crianças a quem tenho de dar atenção.

Dizia outrora um dos meus Mentores (junguiano): sinal de que a tua individuação é ainda incipiente. O tal Eu que demora a crescer… (e eu que entretanto agora só envelheço!). Salva-me a poesia, quando estou mais deprimida. Ler poesia, escrever poesia (que surge, eu não a busco, não me imponho…) é ainda hoje o maior prazer. Não é talvez prazer a palavra certa, mas a sensação, acabado o poema, de ter conseguido dizer o que se escondia algures, nas sombras da alma, e tinha de ser dito. Quando escrevo resisto.

O que me leva a esta consideração: para quê ficar aqui sentada, ao computador, à espera de lembranças que não interessam nada a ninguém, a começar logo por mim? É por saber que um belo dia não poderei mais escrever aqui tão longamente, porque a perda de visão espreita? Foi um dos meus filhos que pediu: a mãe, já que tem tempo agora, podia contar um pouco da nossa outra família, em França, na Polónia, de quem não sabemos nada... Há um tempo para tudo, é verdade. Não sei muito, mas poderia contar algumas coisas, das que vivi.

8 de Julho

Sonhos.

Durante anos apontei alguns sonhos que me pareciam mais carregados de sentido. Lia-os como se fossem um poema, que era preciso ampliar, nesta ou naquela imagem que tinha resistido à onda escura que tudo engole e apaga quando acordamos. O passar do tempo foi transformando os sonhos em avisos.

Premonições que se revelavam certas, pouco tempo depois. Hoje em dia não desejo ter sonhos. Lamento saber que os entendo, porque com essa compreensão vem uma angústia, uma expectativa que me estraga os dias.

Não quero saber de mais, quero esquecer o que sei. O meu sonho mais antigo, ainda pequena, em Lisboa na casa do velho Pátio Bagatela, era um pesadelo, de que eu acordava a chorar. Vinha o meu pai e pegava-me ao colo, até eu adormecer de novo. Lembrar, lembrar, só me lembro do colo do meu pai e do colo da minha avó, que vinha passar uns tempos a Lisboa, deixando a casa de Tavira no Inverno. Era o meu pai que me contava, para me adormecer, a lenda da Princesa Magalona e do seu Cavaleiro Pierre. Mas o pesadelo que eu tinha, frequentemente, devia resultar de outras histórias que me contavam as criadas, com o Diabo, a mulher do Diabo e as suas filhas, na cave muito escura onde viviam e me tinham guardado. Eu estava de vestido branco e eles, de maldade, sujavam-me toda, para eu ficar tão preta e suja como eles. Acordava a chorar, aos gritos, e o meu pai lá vinha salvar-me de mais um susto. Já adulta, com filhos ainda pequenos, contei ou escrevi mesmo, não me lembro, a um amigo alquimista junguiano que se interessava pela chave simbólica dos sonhos, este meu sonho de outrora, na casa do Diabo e da sua família. Terei de procurar nas prateleiras onde está esse primeiro número dos Cahiers Junguiens que ele fundara, com outros, e onde estará este meu sonho. Ainda dactilografado, capa de cartolina amarela, pobrezinha, feiazinha, um verdadeiro princípio. Depois a edição afirmou-se, vingou, como se diz de um recém-nascido fraquinho. Começava deste modo a aventura de uma alquimia junguiana, dita da alma, que ainda hoje me interessa. O meu amigo queria ver no sonho já o contraste entre o negro e o branco, o inconsciente arquetípico e a consciência-desejo de sublimação - o branco, que não podia ficar sujo e por isso me fazia chorar, acordando-me de repente. Eu acho que simplesmente se tratava do pesadelo de uma criança que adormecia a ouvir histórias, ora mais românticas, como a da Magalona, ora mais populares, de bruxas e diabos, feitas para meter medo e deixar os crescidos em paz. Nos anos da Argentina, com o meu tio, grande apreciador de ópera, era a ouvir ópera que eu adormecia. Uma das suas amigas, que ele convidava sempre no Verão para as férias em Mar-del-Plata, era uma jovem cantora de ópera.

Em Mar-del-Plata aprendi a nadar, na piscina do Hotel, que o mar era gelado.

9 de Julho

*

Voltando ao meu Mentor: sim, hei-de procurar a tal interpretação que ele fez, mas agora não tenho tempo. Há as rotinas da casa, a minha vida não é só escrever quando ele me pede. Muitas das mulheres da minha geração foram ou são ainda como eu, viveram, tiveram esse privilégio de sentir que estavam vivas, de conviver com mundos diferentes, como o da arte e dos artistas, e desde cedo saber que a arte é paixão de vida. Vi isso em bailarinos, vi isso em poetas, em pintores, em escultores, cantores e até em cineastas, cujo percurso segui por breves tempos. Paixões da Arte, mas arte não é vida. A ler tanto de tantos também eu me apaixonei pela escrita, e assim comecei a escrever regularmente, com a caneta que a minha tia, em Paris, me tinha oferecido aos quinze anos. Criei um ritual: o de só escrever naqueles cadernos quadriculados da livraria Guibert, de papel tão macio que as palavras por ali deslizavam, pareciam tão fáceis (algo de enganador, na escrita). Descobri que escrever é re-escrever as vezes que fôr preciso. Não minto se disser que agora, no que chamo a minha velhice, me falta a energia, e que o computador, que mesmo assim facilita, nem por isso a mim me ajuda muito. Estou a escrever aos 73 anos. Já o disse? Não quero fazer destas notas, desta espécie de borrão, o que bem poderia acontecer: uma espécie de obituário tristonho. Na velhice, e não tenho que mentir sobre a idade, o que mais acontece à nossa volta é ver doenças, sofrimentos, mortes, de amigos, de família querida, de conhecidos com quem nos cruzámos por um tempo. Abundam agora nas livrarias obras sobre como envelhecer bem, ou melhor, até que o tempo dado se esgote.

E por falar de velhice: o horizonte vazio, o acordar sabendo que a nada somos obrigados, já não há compromissos que não possam ser anulados com uma qualquer mentira que a tal velhice explica... e, ainda mais que tudo, por vezes, a reacção: ah, não faz mal, não tem importância... com aquele encolher de ombros que diz tanto, procurando não dizer nada. Claro que tem importância, e muita, enquanto nós existirmos. Depois da morte é que nada mais terá importância.

10 de Julho

Escrevi a alguém que me fez a pergunta - sobre os sonhos que anoto, quando se fixam e ao acordar as imagens fortes ou a situação perduram – dizendo que os leio, ou os "abro" como faço aos poemas. Penso que não terá acreditado, mas é verdade. Se não foi um sonho de anúncio, de aviso, de prenúncio de algo que vai acontecer proximamente à minha volta, procuro entender como entendo um poema. Haverá um sentido, uma indicação, que só a mim se dirige. Como num poema: para cada um que leia, e não apenas para quem o escreveu, haverá um sentido que tem de ser descoberto. É esse o prazer tão raro de escrever e de ler poesia. É certo que o poema expõe, como dizia Celan, não impõe. Mas mesmo assim, há um caminho a fazer. Como nos sonhos.

11 de Julho

Rebuscar a infância é como folhear um velho álbum de fotografias : a imagem está lá. Mas não está mais nada: o momento vivido apagou-se, a criança, ou a jovem, ou mesmo a mulher, não são o que se é agora.

O passado é isso mesmo: passado.

Quando vejo organizar colóquios ou grandes sessões ainda mais pretensiosas, publicitadas, abertas ao grande público, pretendendo interpelar governantes (presentes, mas indiferentes!) artistas, estudiosos de vário género, fico mais do que admirada, fico quase escandalizada. Como se o tempo que se vai ali perder não fosse valioso. O Presente Futuro; ou O Passado Presente, etc. Como se tal fosse possível e passível de mudar seja o que fôr. O passado já contém o futuro? Com um presente sempre em mudança? Com tanto e constante novo conhecimento trazido à luz do dia? Com tanta e permanente tecnologia em evolução? Ainda mal os participantes se sentaram nas cadeiras, ainda mal começou alguém a falar e já tudo mudou! Não abordemos um tempo dividido, estático, falemos sim de mudança, e mudança permanente. E da dificuldade de a viver, a essa mudança. E de mudarmos com ela.

Na verdade nunca me interessei muito por mim, no meu caso, enquanto crescia, era maior a curiosidade de ver o que se passava à minha volta. Estudava, melhor ou pior, como qualquer jovem, lia, fazia ballet (essa era uma paixão que tive de abandonar quando fracturei um menisco que nunca operei) fundei um grupo de teatro e a paixão do teatro foi o sucedâneo do ballet. Escrevia, ajudava nos ensaios e na produção. Nunca tive o desejo de ser actriz, bloqueava, e nunca mais pensei nisso, nas duas únicas tímidas tentativas: a Maria do Ó, e a Nau Catrineta! Um horror, qualquer das experiências. Mas continuei sempre a escrever.

Em Paris, quando a cidade era ainda o centro da cultura e da liberdade de costumes, apercebi-me com que simplicidade alguns pais e mães que eram do nosso convívio mais próximo expunham as filhas, crianças ainda, à cupidez de alguns escultores e cineastas de sucesso. Já morreram, não direi aqui nomes. Mas as obras estão nos museus, nas galerias, vão a leilão por milhões... O desejo de sucesso era um veneno a que poucos escapavam. De tudo o que mais me chocou foi, em Saint-Tropez, eu já tinha dezoito anos nessa altura, uma festa num yacht em que os pais de uma jovem muda, lindíssima, de longos cabelos loiros, olhos azuis, não devia ter mais de doze ou treze anos foi apresentada e depois levada para longe da festa e dos olhos de todos por um dos pintores de sucesso daquela época. Um dos que se gabava de só dormir com virgens... Chocou-me ver aqueles pais, quem sabe se a troco de algum quadro valioso, dispôr assim da filha... ainda por cima deficiente, que nunca se queixaria. Corrigi para sempre, e até hoje, a opinião que tinha sobre os criadores: arte é uma coisa, moral é outra e carácter ainda uma terceira. Já mais velha, ao longo da minha carreira académica, cheguei à mesma conclusão: carácter e erudição não andam sempre a par. E poupo-me a falar da política, e dos grupos de pressão mais conhecidos, no meu tempo, além dos Partidos, a Maçonaria e a célebre Opus Dei. Como ia dizendo, é mais interessante falar do que fui vendo do que falar de mim. Eu passarei, e o mundo continuará a existir, com progressos e retrocessos de todo o género.

12 de Julho

Modorra.

É isso, deslizei para dentro de uma suave modorra, de que saio agora.

Palavra estranha. O mais normal seria eu ter dito adormeci, acordei com a sensação de ter deslizado para dentro deste sono suave, de fim de dia, estendida no sofá da sala, com o sol a bater nos prédios da frente... mas não. Modorra, suave modorra foi a palavra que surgiu.

Modorra. Tem moleza, lá dentro, coisa horrível. E tem o seu quê, bem pior, de marasmo, como está nos dicionários, o marasmo de uma vida que passa, que perdeu o sentido. Hermann Hesse fala, nos escritos de velhice, de alguma Primavera, e dos sofrimentos físicos que lhe traz, e que os remédios não aliviam, nem de dia nem de noite. Mas há mais do que Primaveras, na velhice: há os Verões, bem mais duros, com um calor que faz estalar os ossos, e há o Inverno, com o frio e a humidade a que não se pode escapar... Talvez só o Outono ajude, na velhice das estações. Um Outono que já pode ser à lareira, contemplando a dança das chamas, os fogos-fátuos da vida, que entretanto nos deixa, enquanto vamos aquecendo e fatalmente adormecendo, de manta nos joelhos. Adormecer é perder-se um pouco mais, um pouco mais, até ao sono final. Hesse fala ainda da agonia, na morte: é como um nascimento, diz ele, o nascimento é, a seu modo, uma agonia, mas de que nos esquecemos depois.

Da agonia da morte também nos esqueceremos para sempre.

13 de Julho

O primeiro sinal, e um pouco assustador foi, ao querer sair, para um compromisso marcado há tempos, o destrambelhamento do coração. Batia, batia, em desordem total. A este episódio outros se sucederiam.

O médico explicou. Tem ataques de pânico, o melhor é tomar um anti-depressivo, coisa leve, coisa pouca, vai ver. Podia meter num romance esta distracção dos sintomas, mas não queria de verdade a ideia de um romance, estava a rever outro, não queria distrair-me, aqui estava só a ocupar os tempos livres, contar um pouco, como pediram os filhos. Começou a alteração das minhas rotinas: das refeições, do sono, o mundo estava a mudar à minha volta, mas eu estava a mudar ainda mais depressa do que o mundo. Distracções, esquecimentos, ansiedade, perda de visão. Pior ainda, uma enorme indiferença, uma tremenda secura de alma. Isso sim, era já velhice, a secura de alma. Os velhos, sem dar por isso, deixam de amar. Não se amam a si próprios e ainda menos aos outros. Esperava pela noite, pelo último sossego da casa, da televisão ou da rádio, já na cama. Caía no sono como quem morre, mas isso não me assustava, o susto vinha de manhã, ao acordar: o que fazer do dia, das horas, até chegar de novo a noite pacificadora? Tomava o pequeno-almoço a ler o jornal. Hesitava: será que hoje preciso do remédio? Mas precisava, e daí a pouco, para a decisão e a energia outrora tão simples tinha mesmo de tomar os comprimidos. Eram fracos, mas sem eles não faria nada. Procurava reflectir, entender. Este estado, que eu procurava disfarçar, mas que em casa, para os de casa, era bem visível, eu explicava brincando: é o dr. Alzheimer a bater à porta, mas ainda não abro. Houve uma série de doenças e mortes na família, que nos amachucaram a todos. Mas com o tempo os outros ultrapassaram, eram mais jovens, mais fortes. A vida continuava. Pouco a pouco percebi que algo mudara, se calhar para sempre: atender o telefone, ou pegar nele para telefonar. Tanta má notícia tinha vindo pelo telefone. Também se tornou complicado, emocionalmente, sair para ver amigos. De que iriam falar? De doenças, operações, tratamentos, mortes... o próprio desta idade.

Fica um aviso: mulheres, preparem-se para este género de depressão, que vai roendo a alma. Não se reformem, a menos que a lei obrigue. E defendam-se, com outros trabalhos, outras obrigações... o compromisso, o ter mesmo de fazer, é imperioso. Ajuda a salvar o dia.

A dada altura, revendo de novo o romance que se calhar não publicarei, tentei alterar o sujeito da narrativa: passei a um alter-ego, narrando na terceira pessoa. Também isso tinha o seu significado. Estava a fugir, mas de quê, mas de quem? Não escrevia os sonhos, mas as imagens lá permaneciam, na memória sombria, a verdadeira. E na minha idade não tinha já com quem falar que me pudesse entender. Rebuscar na infância não fazia o menor sentido. Era no presente, era no tempo de agora, que precisava de recuperar o sentido, fosse o que fosse, mas que fosse redentor, justificando uma existência que estava a deixar de o ser. Um puro arrastamento.

Agora já eu também espreitava muitas vezes o Facebook: parecia espelhar tantos amigos, verdadeiros ou de ocasião, tanto encontro feliz, tanto sucesso em tudo o que se fazia, se projectava ou mesmo se adiava. Uma realidade impossível, mas vivida como se fosse real. Agora pensava como, pelo contrário, a cada boa nova se tinha sucedido algum desgosto, alguma preocupação maior, inesperada. Ia sair um livro, muito aguardado? Alguém adoecia gravemente.

Dia mau. Preguiçar? Vivamos o dia de hoje, com as suas rotinas banais.

Reparei, na esplanada do café, que nas mesas à volta a conversa mudara um pouco. Eram mulheres de meia-idade, mas reformadas. Discutiam as vantagens da Bimby. Tudo fácil, tudo rápido, porções certas, mais economia... Uma delas já tinha dispensado a mulher a dias. Olha, outra que vai para o desemprego...

15 de Julho

Sim, o eu-narrador fazia mais sentido.

Supondo que estava a pedir ajuda a um psicólogo. O que lhe diria?

Sentada numa cadeira diante dele, o que diria? Ou seria ele a perguntar, as coisas óbvias, nome completo, data de nascimento, etc. E a seguir: o que a traz aqui? Eu sei o que me levava a pedir ajuda, embora soubesse que ajuda, na verdade, só podia ser dada por mim mesma. Mas faltavame aquela força inicial, o empurrão, que antes me fazia sair de casa, trabalhar como toda a gente, ir ao cinema ou ao teatro, estar com uns e com outros... ler ou escrever.

Mulheres, preparem-se também para estes comentários, de uns e outros.

Agora teria de falar do anel de ferro dentro do peito, a apertar-me o coração. A impedir-me de sair, de fazer um esforço, mínimo que fosse. Pânico? Ah, isso trata-se... Comecei a ver de noite os documentários sobre os processos iniciais, os sintomas da doença de Alzheimer. Não queria que os outros (a família) soubessem, iriam fazer troça, diriam que eu tinha era uma preguiça egoísta, que me levava a preferir estar em casa, fechada, metida no escritório, e nem sequer a ler. Eras tão divertida, antes, tão disponível... Continuo disponível, mas só para as netas e os netos. Sim, mas sempre em casa. É em casa que me procuram. Os filhos deixam aqui a prole quando querem sair e não têm com quem deixar a criançada. Os filhos olham para nós, os velhos pais, como pessoas que já viveram, e esta espécie de vida em que me vejo caída não lhes faz grande impressão: não se apercebem de que assim começamos a morrer, muito tempo antes, muito tempo mesmo, da tal morte que um dia chegará. Mas nada disto são coisas que eu possa contar a um psicólogo. Não me ficaria bem. Até ele esperaria melhor de uma mulher como eu. Como eu? Como tantas outras... As mulheres andam por aí, vejo-as sozinhas, a andar nas ruas, tropeçando nos buracos, ou evitando os carros mal estacionados. Mulheres velhas, ou prematuramente envelhecidas, tentando escapar à solidão.

Mas falta ver depois o que se passa em casa. Ainda são amadas? E o que fazem da sua solidão? Clarice Lispector amava a sua solidão (ou era apenas fingimento?) mas suicidou-se, não teve ninguém a seu lado que lhe sussurrasse: do not go gentle into that good night... não entres dócil nessa noite boa...

16 de Julho

Em casa é o sofá, ou o cadeirão perto da TV, do canal que tem as séries policiais preferidas. Eu não vejo telenovelas, o que tenho é uma abundância de livros, por todo o lado. Muitos deles já não consigo ler, por terem letra pequena. Aqui sim, neste momento eu teria alguma coisa importante a dizer ao psicólogo... Estou a deixar de ver: esse foi o choque brutal, e ainda não aprendi a lidar com ele. Vou ser operada, mas a ideia de me mexerem nos olhos - quando já só o que faço é ler e escrever, por aqui ou nos blogs - mete-me medo e vou adiando a marcação. Deixei passar Agosto, Setembro, Outubro, estive a rever o romance, o de Tavira, No Rio Da Memória, onde falo do meu pai e de como foi preso tantas vezes.

11 de Novembro

Tinha dito para mim que hoje iria sair, 11 de Novembro, São Martinho, dia de sol quente brilhando forte no céu. Reparo no que não diria ao tal psicólogo: estou a perder amigas e amigos, os melhores, os verdadeiros, os de sempre.

Por este bloqueio que me impede de telefonar, ou de sair, mesmo quando acordo a pensar que o vou fazer. Não faço. Não lhes digo, aos amigos, a verdade. Iriam ter pena de mim. Não quero que tenham pena, quero forçar eu mesma esta mudança.

17 de Novembro

Prefiro ler a escrever.

Já escrevi tudo o que tinha a dizer, em cada momento próprio. Agora é um esforço que me parece inútil. Que é mesmo inútil, pois é assim que o sinto.

Mas ler, não podendo ver, não consigo. Escorrem as horas do dia, e quando chega a noite apenas sei que perdi mais qualquer coisa de mim, a somar a tudo o que já fui perdendo, com o passar do tempo. Nunca, mas nunca, eu teria escrito a Passagem das Horas do Fernando Pessoa, naquela convulsão em que ele por vezes transformava a sua pulsão criadora, ou a sua bebedeira de palavras, emoções, sentimentos... o vazio ou o excesso de desequilíbrio que tentava ordenar. O seu esforço, ainda que negado, foi sempre o de alcançar uma Ordem, que desse ou retirasse sentido, mas que o levasse a ele para um pouco mais longe, um Além como o de Baudelaire, outro poeta do incessante exercício dos sentidos na incessante busca da palavra. Por isso, por me faltarem tantas dessas pulsões, sei agora, neste momento, nesta idade, com estas dificuldades, que envelheci de verdade. Estou velha como quem está morta por antecipação. E não é isso a velhice? Pedia-me um amigo que ajudasse, para uma aula, a distinguir entre emoção e sentimento. Para mim, e a minha opinião é altamente discutível, como qualquer opinião, a emoção liga-se mais ao conceito de paixão. Paixões são sentimentos intensos, e que nessa intensidade também depressa se esgotam. O sentimento só por si é algo que ligo mais ao amor, não à paixão: um sentimento tranquilo, que por isso mesmo pode ser mais duradouro, mais alargado no seu tempo, enquanto é vivido a sós ou a dois, ou a mais...

A emoção, como a paixão, toma conta da alma, de modo exigente e precipitado. É um absoluto de que se pode morrer. Não admira que Fernando Pessoa ou Ricardo Reis, nas cartas a Ofélia, ou nos poemas de Lídia, discretamente ponha distância entre os sentimentos que exprime, ou que adivinha no outro que lhe quer bem. Esse bem, se absorvente, como numa paixão, se transformaria, para ele Pessoa e para ele poeta, num veneno mortal.

É bem diferente contemplar em sossego, nem sequer de mãos dadas, a água do rio que corre, do que atirar-se para dentro da água, num banho que de prazer ritual nada ofereceria a este poeta de alma tão transparente de tão distanciada...

Poderíamos falar das muitas e repetidas mortes de Pessoa? Sem dúvida, sempre que o vermos na solidão do quarto, escrevendo de pé, mais devagar ou mais freneticamente, abrindo a Arca dos segredos, atirando para lá, com indiferença ou em desespero, toda a papelada que guardava, por um tempo, na mão.

Sim. Ele morria e voltava a viver, e morria de novo, e foi assim nessa permanente contradição que chegou até nós. Os seus papéis dizem: estou aqui; descubram, façam o que quiserem.

18 de Novembro

Não preciso de grades à minha volta para saber que estou presa. Estou presa por dentro. Mas porquê? O psicólogo saberia, se eu contasse, dar-me alguma explicação, alguma ajuda? Não falo de remédios, estou farta de remédios, e quantos mais, pior fico. Há uma imagem, sim, uma imagem terrível que não me sai da memória, enquanto outras coisas se perdem: nomes, objectos, gestos recentes. A imagem poderosa, carregada de ódio e maldição, permanece.

Durante alguns anos convenci-me de que a maldade se vira contra si própria e a mim, não tendo eu feito nada de mal, não poderia atingir-me. No entanto atingiu, pois não encontro outra explicação para o que se passa comigo. Um feitiço. E como desfazer o feitiço? Tenho um padre amigo que te ajudaria, disse uma das minhas amigas, muito religiosa. Falo com ele, ninguém precisa de saber. Um exorcismo? Isso. Eu acho que essa maldição que te lançaram só um padre a saberá anular. Eu acho que tenho uma depressão, e que devo tratar-me, é o que faço. Feitiço é um exagero. Depressão não é mimo, nem egoísmo, depressão é doença, tem de haver tratamento. Pensei sempre que o ódio, a raiva alheia, só a quem a sente pode fazer mal. Mas aqui estou, sofrendo, e sem ser capaz de romper o círculo maldoso.

Quando algum acontecimento me é feliz, logo alguém a meu lado adoece gravemente, ou morre, e me faz desejar que nada, mas mesmo nada mais, me aconteça de bom. Que a vida me deixe estar. Que passe ao lado, me ignore.

Fujo da luz do sol. Afundada, quem me retira de mim? Não estou a ganhar esta batalha, tudo me paralisa, tudo o que penso, tudo o que desejo fazer. Sentir esse desprezo de quem é forte, mais forte, e não tem um olhar que seja, um gesto, para quem não tenha uma força igual. Quem não tem força merece apenas morrer? É assim que pensa este nosso Governo? Os velhos, com as suas maleitas devem ser discretamente abatidos? Lançam a discussão da Eutanásia.

No corredor, enquanto venho da sala para o escritório, esqueço a frase que me propunha escrever. Agora estou sentada, a frase não me ocorre, buscarei outra.

Que tenha a ver com o passado? Ou com o presente?

No presente: estava na sala a ver televisão, as discussões dos deputados com o Governo. Reparo como são jovens alguns dos Secretários de Estado. Com borbulhas ainda na cara, expressão de quem está só a pensar em copos ou em droga mal se vejam livres dali, daquela tão grande maçada de ter de responder, fingindo que é perante o povo. Nem respondem, desconversam, na maior parte das vezes. Ou insultam, de forma ínvia. Não prestam. São grunhos saídos de buracos cada vez mais escuros.

19 de Novembro

No passado: revejo o pequeno retrato de fotomaton, tirado com a Guenia: minha confidente, uma segunda mãe, uma energia feliz que sempre me acompanhava, quando estava com ela. O riso surgia, fácil, a felicidade era aquilo. Nunca tive outra amiga assim, companheira, confidente, empatia de alma como se fossemos gémeas, tendo ela nascido um pouco antes da minha mãe, escapado à Polónia sangrenta, escolhido Paris para sua pátria de amor. Sempre que ia a Paris era com ela, em sua casa, que vivia. Por mim poderia ter sido para sempre. Mas nas vidas reais não existe o para sempre.

Acompanhei o seu envelhecimento, a sua doença, os estragos, a morte, já num lar, bem longe dos telhados e dos risos daquele apartamento do Marais... Quando me mostrou a colecção de livros de arte, tão sumptuosos, que tinha coleccionado, dizia, para quando fosse velha e estivesse retirada em casa, sem fazer mais nada... doeu-me o coração. Já ela estava a cegar, de forma irremediável, poderia folhear, sim, mil vezes, esses livros, mas deixaria de ver a luminosa beleza que continham. Viveria de memórias desejadas, ou nem isso. Paris castiga quem a ama? É uma cidade cruel?

Rilke sofreu em Paris. Ao caminhar nas ruas viu o sofrimento dos rostos a que a cidade já tinha arrancado a vida, deixando máscaras de horror em seu lugar. Como o rosto da mulher que ao parecer fixá-lo o atravessou como um punhal, e o deixou com feridas sangrentas, incuráveis, na sua alma de poeta, em busca do abraço de algum Anjo que não viesse a matá-lo. Pode neste momento Lisboa ser uma variante da Paris de outrora? Uma cidade morta? Uma cidade que mata?

Eu era uma criança, doze anos acabados de fazer, quando cheguei a Paris pela primeira vez. Tudo brilhava nessa noite. Abri a varanda do quarto (era o quarto azul, do Marc, meu primo, que estava num colégio em Londres) e fiquei a olhar a rua, a ouvir os barulhos de um bairro de boémia, em que a noite não acabava nunca. Era o bairro de Saint-Germain-des-Prés. Ficou meu, para sempre, nesta rua Mabillon 2, que ainda existe. Eu vinha de Coimbra, de uma casa alegre, arejada e cheia de sol, mas modesta, e chegava a um apartamento enorme, espelhos logo à entrada, como se fosse um palácio, e para mim era mesmo um palácio, chão de alcatifa azul, quadros na parede tão intensos que ainda hoje os vejo: o célebre vermelho, rasgado ao alto, de Fontana, o grande pintor italiano. E outros. Tantos outros. Por aquela casa dos meus tios, Guenia e Paul, passavam muitos pintores, muitos poetas, posso dizer sem receio, todo o meio artístico de uma Paris que desejava viver e criar, viver para a pura alegria da arte, de todas as maneiras, depois da guerra cruel.

À noite, no meu quarto, com a casa em silêncio, eu abria a varanda e ficava a olhar, vibrava, de alma ampliada com a vibração das ruas, dos carros, das pessoas, cujas vidas tentava adivinhar. Era pequena, ainda não saía com os mais velhos. Mas era feliz, por antecipação. Evoco a alegria da

Guenia. O seu riso, o seu sentido de humor. A facilidade com que mudava tristeza em gargalhada. Nunca a ouvi falar da Guerra, dos pais mortos na Polónia ocupada, dos irmãos e irmãs que também lá ficaram. Nunca. Essa era a cortina espessa descida sobre a vida anterior. A Guenia vivia num presente que parecia eterno. É certo que ela saíra da Polónia aos dezoito anos e viera para Paris estudar Artes. Fora aluna de Fernand Léger. Ainda não se adivinhava uma Guerra tão devastadora. E ainda antes a paixão por Asger Jorn, de que falei num pequeno romance, Amores Secretos.

20 de Novembro

Houve uma sessão de canto e piano no Grémio Literário.

Agradável, seguida de um jantar que reuniu em meia dúzia de mesas um conjunto de amigos. Foi interessante verificar que à excepção dos artistas, jovens, em início de carreira, todos nós éramos daquela geração que nos anos 50 e 60 acreditava na Arte como força que mudaria o mundo. E o mundo foi mudando, e agora ali estávamos nós a matar saudades daquele tempo, num ambiente que tinha a memória e a história da Lisboa de há mais de um século atrás, em salas confortáveis, no meio de livros cuidadosamente encadernados, e que um ou outro sócio ainda lia. Era um dia 13 de Novembro, este Novembro de 2013 em que escrevo. À saída alguém comentou: o Facebook, que agora é um vício, está a dar cabo destes convívios, é uma pena! A minha mulher não faz outra coisa. Olhei para ela: cabeça branca, rosto muito harmonioso, sorrindo com o que o marido dissera. Comentei: sabe que o Fb é ponto de encontro, para alguns, é diversão e passatempo, para outros, não digo que não seja viciante para quem se distrai ali com maldade e má língua. Há de tudo. É um fenómeno que deixa adivinhar muita solidão, além da distracção. A mulher, que eu só nesse momento estava a conhecer, acenou com ar de quem concordava com a parte da solidão. Lembrei-me das minhas amigas viúvas: todas no Fb.

Mas também me lembrei das outras, as que faziam daquelas páginas o permanente espelho de si mesmas, das suas obras (as que escreviam) das suas actividades. Abriam de manhã, fechavam à noite, os seus primeiros e últimos momentos de lucidez activa. Porque ainda havia as outras: ainda escreviam, mas já o caos era total, nos sentimentos e no discurso. Expunham-se ao ridículo, sem dar por isso. Ainda a propósito do Fb-espelho da alma, muito me espantou um longo poema de amor e desconsolo saudoso, de uma editora que escrevia poesia (não me atrevo a dizer que era poeta) uma mulher dos seus cinquenta anos, letrada, sem dúvida, mas que escolhe aquele espaço publico, maldoso quantas vezes, para a lamúria do amante que a deixou! Se a deixou não a amava, ponto final, siga em frente...

Estou velha, e só espero não estar a ser jarreta! Há uma idade para tudo, e uma paixão intensa aos vinte anos não pode ser igual a um desgosto de uma cinquentona que não quer perder a juventude (e o homem) que perdeu... Fiquei chocada, por ela. E lembrei-me do comentário ouvido à saída do Grémio Literário: a solidão não pode explicar tudo, nem desculpar tudo, neste caso o mau gosto que só alguns no Fb aplaudiram, comentando "que lindo, princesa, que lindo!" Só esta expressão "princesa" aplicada a torto e a direito me dá vómitos. E malta nova, tão revolucionária... Se houvesse ainda um Partido Monárquico, eu votaria nele. Em conclusão, o que faz uma noite de canto e piano num salão como o do Grémio, comparada com uma espreitadela de dia seguinte numa idiotice lamechas de um Fb imparável, e impagável de tão ridículo, por vezes, isso sim!

Sonho.

Numa estranha casa, que tem no corredor uma piscina longa, rectangular, mas muito estreita, com água correndo como se fosse um rio.

Desafiam-me para tomar banho, mas não quero.

Fico a olhar e reparo que há nas minhas costas um quarto todo de vidro, cheio de palha amarela, com dois homens de palha e uma criança, também de palha, a fazer ginástica no chão. Penso: impossível que não faça mal à criança respirar o pó daquela palha. Olho, nada acontece, os homens permanecem ali com a criança. Acordo com dores de cabeça, o que se tornou tão vulgar que já nem reparo nos gestos que faço, automaticamente: dois comprimidos desfeitos num copo de água, tudo bebido sofregamente. Entretanto penso no quarto cheio de palha, nos homens, na criança. Palha amarela enchendo o espaço todo, o que pode significar num sonho? Vale a palha, que é elemento terreno, vale a côr, que é de ouro? E uma criança, junto com dois adultos?

O quarto da palha amarela. Daria um conto: o quarto, feito de vidro transparente, fechado, como um cubo, era uma prisão, não tinha porta por onde entrar ou sair. O quarto: dentro do quarto três criaturas, as idades da vida, a infância, juventude, maturidade ou velhice.

O permanente bloqueio, expectativa não sei de quê, pois nada acontece.

Penso fazer uma coisa (neste caso era rever um texto) e faço logo o contrário, a saber, não faço o que tinha pensado. O texto ficará para outra vez, amanhã, quem sabe, se me sentir melhor? Neste meio tempo em que se arrasta a vida, o país agita-se: greves, grandes discussões em plenários de Séniores, sobre os perigos que pesam sobre a

Constituição, a Democracia, a Revolução de Abril, em suma. Pedem-se demissões. Mas estes que nos governam e trituram não são precisamente os maoístas de Abril, que entretanto cresceram, e apareceram? E descobriram no discurso europeu um manto diáfano, que não encobre a verdade? Como na estátua de Eça de Queirós, mas ao contrário? A nação está perdida, está doente, vive amarrada à cama ou à cadeira, conforme os dias. Mas não pode sair. Percebo agora melhor o meu bloqueio, como costumo chamar a esta permanente recusa, pânico mesmo, de compromisso ou decisão, ou intenção. É um sentimento enraizado de que não vale a pena. Nada vale a pena. Não vale a pena o esforço, mesmo que não haja necessidade de esforço nenhum. Nunca diria isto a um filho, um neto, um aluno, um amigo... mas é o que sinto. E este sentimento paralisa, anestesia a alma, os seus melhores impulsos. Deixarei de escrever. E o que escreveria também não fará falta nenhuma. Desci à esfera em que nos tornamos invisíveis, já que somos indesejáveis, por esta ou aquela razão, que só tem a ver com a idade. Não se respeita nem deseja a experiência, alguma sabedoria acumulada... o Saber incomoda.

Ainda hoje não sei o que me fazia tremer de medo, à noite, na cama, quando lia Rilke, Os Cadernos de Malte Laurids Brigge. Lia na tradução francesa que um amigo igualmente fã me tinha oferecido. Eu só conhecia os poemas, os Cadernos foram uma revelação. O medo era enorme, de alguma perversa esquelética mão que me arrancasse da cama, me levasse não sei para que profundezas, para que escuridões de onde não pudesse fugir.

Descubro, por um acaso feliz, que estão a ser leiloadas obras do Bernard Quentin. Algumas são dos anos 60, as tintas, as composições, numa delas adivinho que passou das figuras vistas de cima e de longe, como pessoas-formigas, para uma voragem de corpos lançados no abismo.

Abismo que é o da vida corrente, suicidária, veloz, bem ao contrário daqueles anos felizes em que o artista podia isolar-se no campo, na floresta, ou mesmo em casa, deixando que as ideias e as imagens fluíssem. O movimento, na casa da Guenia, em Barbizon, onde se recolhia, era de entrega tranquila, podia ficar o tempo que quisesse. Nós, os da casa, não incomodávamos nunca.

Foram anos em que pude observar como os artistas pintavam, desenhavam, rasgavam telas ou folhas de papel, rabiscavam ideias-imagens em blocos pequenos - na casa da Guenia, por onde todos passavam, eu circulava à vontade, e já escrevia - mas sem que se desse por isso. Nem me viam, eu era leve, fazia parte da mobília. E a arte deles, que assim nascia do encontro de tintas, pincéis, canetas ou lápis de côr, deixava-me hipnotizada. Com eles aprendi a ver.

Será que hoje, dia de chuva, poderei entregar-me à estranha fundura da depressão? Já não escondo, estou a viver em depressão, lutando, mal, contra essa força que me puxa para dentro e me retém – uma prisão cujas grades são do corpo, no corpo, e não consigo romper. O Facebook, que decidi espreitar, arrancou-me da cama. Aí está: agora segue-se o ritual do costume: café, comprimidos, água das Pedras, a única, a melhor de sempre! Nem precisa de anúncio. Depois o prometido, buscar em Rilke as páginas que me metiam medo, a ponto de eu não me atrever a sair da cama e a adormecer de luz acesa até ao dia seguinte.

22 de Novembro

Até há pouco tempo, quando escrevia, a minha escrita dirigia-se a todos os que quisessem ler. Mas neste momento talvez não seja assim. Escrevo para mulheres, velhas como eu, que a vida tenha atingido e diminuído, por qualquer razão. Porque estão sós, porque estão doentes e não sabem como combater essa doença que as domina. Não saber é o pior de tudo. Não saber é não poder.

Dizem sai de casa: anda pé, faz ginástica, vai ao cinema, compra uma coisa qualquer... dizem. É tão fácil dizer. Quando o dia nasce já o mundo se abateu sobre a mulher que sofre. O pior dos mundos, o seu mundo de dentro, que ela esconde, não quer que lhe seja comentado...

Não acabei de ler o meu Rilke.

A narrativa delicada, minuciosa, por demais minuciosa para a velocidade com que se vive hoje em dia, torna-se pesada, e a vontade é pôr o livro de lado, ainda que sem o esquecer. Houve um tempo em que alargou horizontes. Hoje pede-se mais, mas não se sabe bem o quê. Aliás, de que é feito este hoje? De uma ansiedade vaga, com o correr das horas? De manhã esperar a tarde, de tarde esperar a noite, de noite esperar o sono? Já não o sonho – o sonho atemoriza – mas o sono, o sono-morte profunda?

Rilke evocava, em espaços da sua memória antiga, amores idealizados, perdidos por imensos e escuros corredores, em que descobria formas vagas, de amantes abandonadas, reflectidas em espelhos que lhe metiam medo. O abandono era perfeição. Não faz sentido acreditar, em idade avançada como é a minha, que o abandono seja perfeição. Com o abandono mirraram aquelas almas, como a da Freira Portuguesa, apagou-se para sempre o brilho dos olhos, a expressão do rosto, que se fechou em si mesmo. O poeta sonha, idealiza, defende-se desse modo do pavor que a vida real lhe causa. Deixo Rilke de parte, outros que o leiam, se são jovens e ávidos de saber mais como eu já fui, deste mundo e do outro.

25 de Novembro

Volto aqui, não sei porquê. Talvez porque aqui posso, melhor do que nos blogs, escrever ora sobre o que alguém me pede, filhos ou amigos, com mais espaço de reflexão, ora porque o dia se atravessou, como tantas vezes acontece, no decurso da vida quotidiana. E algum quotidiano pode ter interesse. E se acaso não tiver, o leitor seguirá adiante. O que chamar a esta prosa, que já nem sei bem como definir, logo à partida: de evocação, de memória? Apenas prosa, narrativa da passagem das horas, como no Fernando Pessoa, de cuja data mais uma vez me aproximo? É o Novembro da sua morte, é o Novembro que talvez escolha para título do meu novo livro de poemas. Mas esse não entra aqui. Estou quase a fechá-lo, como gosto de dizer.

Há autores a que não escapo, mesmo quando quero. Agora é de novo Rilke, o ciclo da Vida de Maria, para um concerto de um amigo pianista, o Nuno Vieira de Almeida. Entretanto ocorre-me que muito do que surge em Pessoa pode ter tido origem nas suas leituras de Rilke. Será o meu próximo projecto, Rilke e Caeiro, Rilke e Pessoa? Pode esperar, enquanto folheio os livros, as datas, os versos de diálogo semelhante, Pessoa sempre com resposta pronta e quase sempre contraditória. Poeta, sim, mas da contradição, do pensamento, da ideia, do sentimento. Poeta da interpelação. Fim de semana em que tudo ficará mais uma vez adiado. Já não é a contagem das horas, é a contagem dos dias... Discutem-se projectos de Natal. Lembro-me do poema antigo, publicado em 1961: outro mundo. Um mundo em que se ria, de nós, dos outros, de tudo um pouco. Perdeu-se o riso do mundo, a enorme gargalhada de que falava Buda... Podíamos pensar que o mundo – a sua criação – tinha sido um engano. Não há deuses, e sem eles não há homens. Este é que é o engano. De vez em quando adoeço e acho que devia ir a um Psicólogo não muito conhecido, para que a minha visita pudesse também ficar em relativo anonimato. Mas o que diria ele quando eu começasse:

Estou com uma depressão, não é de agora, sei que é uma depressão, já dura há algum tempo. Tomo comprimidos para enfrentar o dia. Dizem-me tens de andar, vinte minutos por dia é quanto basta. Tenho amigas que o fazem e até mesmo em casa, no corredor, de relógio em punho. Acho ridículo. Porquê vinte e não quinze? Porquê vinte e não trinta? Bom mesmo seria fugir de casa, para longe, junto à montanha ou ao mar, sozinha, sem rotinas, sem impedimentos, sem ninguém. Tento imaginar a cara do psicólogo, de espanto, bem educado, evitando comentários. Aliás é o que se faz: ouve-se, não se comenta. Continuo: eu acho que toda a depressão tem origem na falta de amor que se sente: não somos amados, caímos em depressão. Até numa criança isso acontece. O amor é um desejo natural, e a ausência que sentimos no outro em relação a nós pode ser uma causa primeira, disfarçada, adiada até que se revela plenamente numa pulsão de morte, num apagamento da vida, dos seus rituais quotidianos, a que não conseguimos fazer frente. O psicólogo nada diz. Eu acrescento: há outra razão, fiquei em estado de choque ao saber que tinha de ser operada aos olhos. Já não vejo as letras pequenas, já não vejo as lombadas dos livros que preciso de ler, já só escrevo no Word com uma letra maior e as gralhas são tantas, mesmo assim. Secou o que eu chamava alma, sentimento, amizade generosa. Não procuro e não quero ver amigos. Só os netos me enchem a casa de reboliço e de alegria. Mas não posso ficar sozinha com eles, preciso de ajuda. Não são razões bastantes para uma depressão? Abre-se um sorriso na cara do psicólogo, como quem diz, nada disso tem importância, vai ver, tudo se trata... e eu, obrigada, foi bom falar consigo.

24 de Dezembro

Dezembro, sem celebração que se tenha visto do dia 1 (1640, Restauração) não há feriado, morre o patriotismo. É natural. Ainda por cima agora, dependentes como estamos da Europa (leia-se Alemanha) a propósito de tudo e de nada, não teria sido melhor Espanha? Quanto a mim, nesta espécie de diário: não é normal que eu sinta tão grande alegria ao anular um compromisso que na altura me tinha entusiasmado. Ia sair de casa, apanhava sol, mas sobretudo saía de casa, como estavam sempre a dizer-me que fizesse: sai de casa, vais ver que ajuda, apanha sol, recuperas a energia. Fiz exactamente o contrário: anulei o compromisso, inventei uma desculpa, o coração alargou-se logo, e respirei de alívio, mais livre. Agora hesito: ficar na sala, ao sol, tenho muito sol na minha sala, a entrar pela varanda, ou ir ao Facebook, onde as conversas do costume se repetem. Esta é a verdadeira pobreza dos dias, dos dias da velhice. Os dias que me fizeram pensar em Rilke, que não irei afinal nem reler nem, muito menos, traduzir. Quem poderá dizer, dos velhos, a velhice? A tal secura de alma, que os mata, enquanto os separa de quem os rodeia. Não há ajuda. E reconhecer que não há ajuda é um empurrão mais nesse caminho que desce, sem sentido. Ideias às catadupas. Mas energia nenhuma. Se houvesse transfusões de energia...

Reflexão matinal:

a alguns tudo é permitido, a outros nada.

Decidi não fechar já o livro de poemas que estava a

preparar. Ao reler achei pouco, achei pobre... espero mais um ano.

A minha pressa tinha a ver com a impossibilidade, não tarda, de não conseguir ver, não conseguir trabalhar ao computador, passar a limpo, etc. Mas vou esperar. De todo o modo terei de ser operada.

Dias de espera.

Acabei a tradução de Rilke, A Vida de Maria. Não ia traduzir, mas traduzi.

Tanto Anjo atravessado na sua vida... O ciclo foi escrito entre Os Cadernos de Malte Laurids Brigge e as Elegias de Duíno, de que só tinha começado os dois primeiros longos poemas, que me inspiraram, outrora, para o meu primeiro romance, Quem se eu Gritar é o primeiro verso, e deu-me o título. Escrevi em francês, e para publicar aqui traduzi, reescrevendo de novo. Perturbam-me, esses Anjos, não por eles mas por um ainda maior, que paira sombriamente sobre todos eles, com asas negras de Arcanjo que se ignora a si próprio. Pois se viesse alguma vez a conhecer-se (revelar-se) de súbito morreria. E com ele o universo inteiro. É disso que tenho medo, sempre que de Rilke me aproximo. Que alguma asa me toque, inadvertidamente, e me afunde, na vida já afundada.

Como vi acontecer àquela mulher, tão doente e tão humilde, na sua plena aceitação. Atada à cama, não poderia fugir. O Anjo, a seu lado, repousava. Mas ela fugia na mesma, atravessava o tempo, recuava à infância e por lá se perdia, para desespero do Anjo. Pois na infância livre não conseguia prendê-la, trazê-la a si, à realidade presente. E era no presente que o Anjo se via forçado a permanecer, por causa dela, num tempo que lhe era tão lento de passar, tão pesado para um Anjo, tão difícil.

27 de Dezembro

Poderei sempre falar, mas com quem?

Com o Sérgio, com o João, com a Teresa, com o Markus, as suas traduções, sempre tão cuidadosas, com a Ana, com o Nuno, mas terei sempre reticências por estar a falar de mim. Não me considero assim tão importante, é verdade que gosto que me leiam e gostem do que em mim leram, ou julgaram ler. Somos nós e não somos, na elaboração da escrita, mesmo quando parece confissão. Não é nunca confissão, é transformação, ainda que não se mentindo, ou mesmo por vezes mentindo, e por isso mesmo. Escrever é precisar de perdão.

1 de Janeiro de 2014

A alegria de hoje, em Novo Ano, 2014:

A minha caneta parker lady, que tenho desde os 15 anos, volta a escrever bem, é de tinta permanente e esteve posta de parte numa gaveta, durante anos. A borracha estava seca. Mandei arranjar e afinal ainda escreve bem.

Foi um Natal conturbado, com a doença da minha cunhada mais velha e a seguir o seu falecimento. Era a Matriarca, a que tinha a memória de tudo e de todos, uma mulher à antiga, suave de modos, delicada e culta, atenta ao mundo à sua volta. Ocorreu-me que morrer é voltar para casa.

Também morreu Eusébio, também morreu Ariel Sharon, em coma havia oito anos. Penso em Sharon: um Bravo, um Fundador. Pertencia à geração que no fim da Segunda Guerra Mundial foi para Israel viver a utopia da Terra ancestral recuperada. Um Sionista. Penso na família da minha mãe. Eram nove filhos, na casa de onde alguns saíram para estudar em França e por isso escaparam à morte, os que ficaram morreram deportados, ou no Ghetto da cidade de Lodz. O marido de Allah a mais velha, era arqueólogo, Professor da Universidade, tinham ido para

Israel, tiveram uma filha que conheci em Paris, Evelyn: aos quatorze anos fizera o serviço militar, obrigatório, casara aos dezoito e veio depois a Paris conhecer o resto da família com uma filha pequena, Tovik. Evelyn morreu cedo, sofria do coração. E Tovik, a pequena dos muitos caracóis, correndo pela casa da tia Guenia: estará viva? Nunca mais soube nada. São de elogio e saudade, terminam com um Ámen, os cânticos em honra de Sharon. Como é possível um ódio tão permanente e tão grande, entre as Religiões do Livro? Penso, enquanto revejo a tradução de Lessing, de Nathan o Sábio, para o Teatro de Almada.

Lessing, em Nathan o Sábio, faz da Moral a única religião. O comportamento, não a crença, guiando os nossos passos. Mas parece que não chegará nunca essa fase da condição humana.

10 de Janeiro

De início foi agradável o ritmo que se instalou em casa, quando nos reformámos. Despertador às oito e meia da manhã, com o barulho da rádio, a TSF. Pequeno almoço às nove, com os jornais do dia, A Bola, o Record, o Diário de Notícias e o Público. Depressa dispensámos o DN, por ser sempre, ou quase, a emanação da "voz do dono...", ficou o Público, até ver. Em seguida, e sem pressas, fazer o que se tinha combinado. Umas aulas, que se mantinham por prazer, uma saída às livrarias, ou ao café, enfim, o que era bom era mesmo não ter compromissos formais, não ter obrigações a cumprir, poder respirar mais livremente gozando as horas do dia. Mas isso foi ao princípio. De repente a morte instalou-se à nossa roda. Amigos, conhecidos, família de que se gosta, doenças e mortes que se sucediam como se a Reforma tivesse tudo a ver com a morte e não com algum prazer da vida. Já tinha medo de ouvir tocar o telefone, ou de abrir o jornal pela manhã. E então começaram os sonhos. São avisos.

Quando outrora o meu pai adoeceu, foi a minha avó que preveniu, em sonhos, que estava à espera dele, na saleta do costume. Mas já antes, estava eu em Paris, em casa da tia Guenia, quando foi no sonho dela que a morte do irmão mais velho lhe foi anunciada, a ela e a mim, quando me contou o sonho, e eu decifrei. Ao fim da manhã tínhamos a tia Marie a telefonar de Nice, contando a morte dele. É verdade, com o tempo eu tinha aprendido a decifrar os sonhos, como decifrava as gravuras e as imagens dos antigos alquimistas. No sonho ora a imagem, ora a narração, podia ser apenas imagem, ou algum diálogo, pequeno, mas directo e quase explícito pelo seu teor me davam indicações. Depois era a angústia da espera. Por vezes o que eu ficava temendo não acontecia, e eu respirava de alívio. Mas frequentemente acontecia. Eu até já tinha medo de sonhar... Agora sei. Os nossos mortos estão atentos, velam por nós, previnem.

No caso da Guenia, e da morte de Artur, o irmão mais velho, foram os pais dela, os meus avós maternos, falecidos na Polónia. Estavam numa sala branca de hospital, como quem espera. Perguntados, dizem à Guenia que esperavam pelo Artur. Daí em diante soubemos: é a família, ora um ora outro membro da família, que previne. A Guenia nunca mais quis ouvir falar de sonhos, da sua interpretação. Assustou-se de verdade. O Além em suspenso metia-lhe medo. E eu estou hoje em dia, depois de tanta morte, um pouco como ela. Prefiro não saber. Mas tenho escolha? Uns dias antes de morrer a minha outra cunhada foi a minha mãe que apareceu: numa sala grande, vazia e toda branca, como num hospital. Chamou por mim, mas não veio ter comigo, ficou longe. Assim teve início o nosso mês de Janeiro, neste 2014.

Bola de ouro, em todas as televisões.

Será a segunda bola de ouro para o Cristiano Ronaldo. Merece, é um menino bonito. Está com Messi a disputar o troféu. Messi é outro menino bonito. Já ganhou várias vezes. Ambos de famílias pobres, vindos de longe, entregues à guarda de um clube de futebol e fazendo carreira brilhante. O mundo merece ser dos pobres, os ricos não se mostram à altura da responsabilidade de guardar e de salvar o mundo... Cristiano Ronaldo ganha este ano a Bola de Ouro, chora comovido ao receber o troféu. Tem ao lado o filhinho. Na plateia a mãe também chora de emoção. É justo. Farei como toda a gente, vou ao Facebook escrever os parabéns.

Estava a falar de sonhos? Aí está um sonho, o do Ronaldo, realizado e feliz.

Mas não, esta nossa casa não é a mansão antiga de Malte Laurids Brigge, com a morte do coronel correndo pelas paredes, arrepiando Abelone, fazendo uivar os dogues. É um apartamento moderno, simples, algo envelhecido, nas chamadas Avenidas Novas. Não tem passado, não tem fantasmas. Precisa de algumas obras de renovação, uma limpeza da pintura, tem muito sol, muita luz, gostei dessa luz quando a comprámos, em 1972. Uma luz que agora, de manhã, me fere os olhos. Desço um pouco a persiana para ler os jornais ou ver televisão.

Rilke foi, em Coimbra, uma das minhas primeiras leituras. Rilke e Fernando Pessoa (era Ricardo Reis que eu preferia) Rilke e Sophia de Mello Breyner. Depois Clarice Lispector: surpreendente, não podia ser brasileira, e de facto não era. Era eslava, toda aquela intensidade, toda aquela paixão. Em Paris escrevi o meu primeiro romance, com título, de que hoje não gosto, tirado da primeira Elegia de Duíno. Era Rilke comigo, nas ruas de Paris, onde ele viveu e não chegou a ser feliz. Nas ruas do seu tempo apenas sofrimento, inquietação, e na solidão do seu quartinho pobre a discussão com os Anjos. Eu não sofria, em Paris fui sempre feliz. De partida para um curso de férias na Alemanha, levei Rilke na bagagem: 1960, eu com vinte anos numa Alemanha dividida, de que pude ver os dois lados. E tenho essa primeira edição, na tradução francesa de Maurice Betz, ainda hoje comigo, quando estou a caminho de fazer setenta e quatro anos. Tem importância a idade? Tem, porque aos vinte anos eu corria pela vida fora, e agora não corro, vivo, simplesmente. Faz muita diferença.

De novo, por um leitor brasileiro que se interessa, como eu, pela poesia oriental, me chega um pedido de colaboração. Enviei o que pedia, para que escolhesse à vontade: alguns poemas inéditos, ao acaso, e um conto recente, em que o tema glosado é o Negro. Poderia aproveitar e falar aqui do negro, a sombra alquímica, o caos de onde surge a ordem luminosa. Mas será o momento?

À nossa volta, no país, no mundo, ou no seio das famílias, o que se vê é o desmoronar de sentimentos e ideias, face a uma confusão que surge como dança e depois se transforma em pesadelo. Sim, é a marca do negro nas vidas, a marca que é necessário ultrapassar.

29 de Janeiro

Quase sem dar por isso estamos a chegar ao fim do mês de Janeiro. Amanhã é dia 30. Faz sentido escrever isto aqui? Ir anotando a marca dos dias? Faz, por uma razão, quero que estas sejam, de vez em quando, pelo menos, notas de diário. Melhor dito, de memória, ainda que na forma de borrão. Não viajo, e as pessoas que me acompanham de mais perto - refiro-me a estudiosos, ou simples mas amáveis leitores que me escrevem - sabem disso.

Não se importam. Assim há um deles que organiza em início de Fevereiro (saberá que faço anos nesse mês?) uma leitura dos meus poemas na Faculdade de Letras do Porto. Pede-me livros que já estão esgotados há anos. Interroga-se: não são reeditados porquê? A resposta é simples, não há espaço para o que passou, num país que só vive o momento, e dentro do momento o instante fugaz e segue em frente... Acontece com os livros, como acontece com a governação, míope, aos tropeções na realidade. Vejo como todos se refugiam no Facebook - está na moda, e alivia. Adianta alguma coisa? Não, a resposta é não.

As manhãs alongam-se demoradas, sem destino. Antes não era assim. Como falei há uns anos do longe e do perto, podia falar agora do antes e do depois, um depois que é agora. É agora todos os dias, todo o tempo. Só de vez em quando uma pequena brecha, uma interrupção que entretém, mas não resolve a questão fundamental. Essa não tem resposta, não tem tido resposta. Como se eu aguardasse, mas sem saber o quê, como se alguma ameaça estivesse ali mesmo, à beira de surgir, e eu, ainda que sem saber, já tivesse receio. Receio, é isso. Viver com um temor que amargura mal o dia amanhece, mal o sono e os sonhos se esfumam. Dores. Com dores começa o dia. Mas não é de dores que desejo falar aqui. Dores todos têm, do corpo, da alma, umas de mais gravidade, outras menos, algumas que permanecem, outras que desaparecem. Não é isso que importa. Escrevo aqui para entender a vida, o seu decurso, as suas interrupções. Porque a vida é cheia de interrupções, de atravessamentos – surpresas, sim – e tudo merece a nossa atenção. Pois com a idade o que se pode esperar? Que nada nos doa, nunca? Senão dói não é vida. A nossa dôr e a dôr dos outros, que também devemos sentir...

A um jovem que me escreve, do Brasil, aconselhei as primeiras páginas do Livro Tibetano dos Mortos. Nesse livro encontraria a explicação para os demónios da alma, tanto os que surgem no sono como os que acompanham a travessia dos 49 dias após a morte, até que se dê a revelação da Clara Luz da Consciência e da Vida (de que também se fala em alguns antigos tratados chineses de alquimia). Mas sinto que fui logo castigada, com um sonho perverso de tão brutal e de tão primitivo, com as figuras grotescas de um homem e de uma mulher, enormes, disformes (de início julguei que amputados das pernas) a arrastar-se pelo chão tentando chegar cada um deles ao seu quarto e à sua cama de hospital. Quem me mandou sugerir a outros certas leituras que deviam ser eles, por si, a descobrir?... agora eis-me apanhada na rede dos meus próprios temores. Entender o sonho, que ilusão. É sonho, dentro dum sono, claramente uma disrupção do masculino e do feminino, (projectados como disformes) energias reduzidas a um arrastamento doentio e descobrindo, principalmente na mulher, que no sonho demorou mais tempo a chegar ao seu espaço, à sua cama, a sua sublimação. Estragou-me o dia, esse e os que se seguiram. Tomo nota, para me libertar desse peso.

O meu primeiro romance, como já tenho dito, era de inspiração rilkeana. Sei agora - não sabia na altura - que a personagem do velho Brigge, no antigo palácio, rodeado de cães que lhe seguiam a vida e lhe seguiriam a morte, a morte imensa, explodindo em gritos aterradores, foi sugerida por Tycho Brahe, o grande astrónomo, o excêntrico a quem numa refrega cortaram o nariz e para aparecer em público mandou fazer um nariz de ouro. Astrónomo e matemático, alquimista, diz-se, nas horas vagas, e a quem Rudolfo II de Praga deu protecção exigindo que lhe descobrisse e fabricasse o tal ouro maldito que nunca chegou a aparecer. Terá sido envenenado por um dos seus ajudantes, morrendo de morte horrível. São tremendos os gritos que Rilke descreve, ecoando pelo palácio fora, noite e dia. E mais tremendo ainda foi o silêncio que se seguiu, com os cães uivando, apelando a uma existência que tinha deixado de ser. Alguém lê Rilke, hoje, com a veneração e o espanto que merece? Pego na primeira edição, gasta, velhinha, com o papel de seda que tinha posto na capa já meio rota, e que foi a primeira que li, antes de ser capaz de ler em alemão. Edição bonita, cabe na mão, apetece andar com ela. Agora quero reler e cansa-me os olhos. Procuro a narração que me assustava, aquele episódio da mão, que o jovem Malte hesita em contar à mãe. Não o encontro. Mas lembro-me de também eu ter medo, um medo de arrepiar, de noite, antes de adormecer. Malte, o jovem narrador, alter-ego de Rilke, busca na sua evocação das casas e cidades do passado, o que todos buscamos: alguma memória mais intensa, que nos abra o caminho de nós próprios. Que nos ajude a encontrar resposta? Ou só interrogação? Na interrogação há já um esboço de resposta.

2 de Fevereiro

Amanheceu um dia gelado, escuro.

Não penso ainda no dia 7, que se aproxima, em que farei 74 anos.

Ao mesmo tempo uns amigos do Porto organizam um dia que chamam Leituras/Flash; é na Faculdade de Letras: levam livros, conversam, lêem, e parte disso irá ser colocado no Facebook. Facebook que faz hoje dez anos de sucesso crescente: alargou o mundo, mas terá alargado a cabeça das pessoas? Cultura, sentimentos, horizontes?

Estará a ser uma experiência maior do que a do jovem Malte, de que me ocupo neste momento, ao deambular por uma Paris que o entristece ou pela casa antiga dos antepassados, que já não existe mas de que ele revive memórias, situações, personagens que parecem irreais mas estão vivas nele? Estão vivas na sua cabeça e aterram-no, de tanta força que possuem. Principalmente o velho Brigge.

Assim, eis-me feliz com a surpresa, pois não esperava a homenagem flash, e ao mesmo tempo com o prazer de ser lida, que é ser lembrada pelo que se escreveu outrora e ficou nas marcas dos livros. Surpresa e prazer. Uma prenda de anos que terei de agradecer, não sei bem como. Talvez dedicar o conto que tem as lendas de Tavira? Escrevo os nomes dos jovens: Sérgio e Patrícia. São ambos mais novos do que os meus filhos: uma geração que volta a descobrir o que se fazia nos anos sessenta?

Um frio de rachar, no meu escritório, doem-me as mãos.

Como passar estupidamente uma tarde assim? Não estando no campo, nem na praia, não havendo lareira? Enroscada no sofá, com uma manta levezinha, a ver mais um CSI. Nunca me julguei capaz de embrutecer deste modo. É mesmo embrutecer, porque a cabeça esvazia-se de ideias, e sem uma boa ideia eu não me sinto bem. Já basta que amanheça cansada, a morrer por um café, já basta que ler os jornais não me entusiasme. Abro o computador, na esperança de que algo aconteça. Nada. Continuemos com Rilke.

Não foi possível, fez anos uma neta, das minhas adolescentes lindas, e agora retomo, mas comigo: faço 74 anos. Mudou alguma coisa? Nada, que eu desse por isso.

Escrevi um Haiku:

no mesmo momento
ser outro
e ser o mesmo

E a vida continua, que escrever não esgota a vida. Disse eu que a vida continua e é verdade, mas com alegrias e súbitas tristezas: de novo, como nestes últimos três anos, morreram pessoas de família, muito próximas e queridas, morreram amigos de infância, morreram jovens a quem a vida tinha prometido tanto.

Assim, em pleno dia de fazer anos, é a meditação da morte que me oprime, a morte dessa jovem que conheci criança, e bem podia ser a Abelone de Rilke, nos Cadernos... ou a Wera (Vera) dos Sonetos a Orfeu. Nas palavras que parecem levantar vôo, num esforço tardio, morre-se uma e outra vez. Orfeu, perdido, não saberá encontrá-las. Dessa ausência nascerá o canto? A dança? A presença levíssima do unicórnio perfeito? Da Licorna, como prefiro dizer, não sei porquê. Respondo à carta de um amigo. É jovem, e não entenderá que eu lhe fale do que ele ainda não pode conhecer, pois sendo jovem não viveu ainda o tempo suficiente. Que eu lhe diga que se vive em atropelo, por impulso, por paixão, e que dentro ou fora desse modo de viver haverá sempre um tempo, ou um momento, que esse sim é a vida e só muito mais tarde se vem a descobrir? E então sim, um leve, mas muito leve assomo de ter sido feliz, de ter vivido, mas sem saber. Um tempo, ou um momento: de noite, subitamente, descobrir que se é. E já não isto, ou aquilo, mas simplesmente que se é, como a natureza é, e não se interroga a si mesma. Em si mesma nada tem a descobrir, a natureza é, plenamente. Nós, imperfeitos, é que aos solavancos julgamos avançar, completar, descobrir.

Há já algum tempo que queria escrever sobre as noras: as minhas noras.

Iam chegando ora umas ora outras, no meu dia de anos.

Traziam bolos e velas (e eu que não tinha dito nada, que não ia fazer nada...). Com netas e netos, ainda por cima dois que são quase bebés, há que soprar velas, e tem de ser no dia, e não no fim de semana (eu sempre achara que o fim de semana era mais prático). Para elas é no dia, e assim foi. Com imenso carinho, conversas, risos pelo meio.

Já há algum tempo que eu queria falar delas. Chegam, as crianças dispersam-se pelos cantos da casa, que já conhecem bem, umas (os bebés) para um quarto que ainda tem brinquedos, outras para o computador do avô, com o jogo dos aviões, outras para o meu computador, que controlam melhor do que eu, e se algum ou alguma fica de fora nunca fica de fora, fica numa cadeirinha ao lado, com o iPad ao colo: século XXI. É nessa altura que as noras se sentam à roda da mesa de jantar, à conversa que vão pôr em dia. Eu, um pouco de longe, no sofá, observo, às vezes oiço, outras vezes apenas me absorvo nessa quietude que é agora a minha, não a delas, uma quietude feliz. Elas estão nos seus picos de vida, pessoal, familiar, profissional, são jovens mulheres, mães, entregues a um quotidiano bem mais difícil do que foi o meu. Estão a par do que acontece no país e no mundo, criticam as medidas de que também são vítimas, directa ou indirectamente, por via do que acontece aos amigos, ou à roda da família, pais, avós. Pertencem a uma geração preparada e informada. Estudaram, viajaram, tiveram filhos que amam, profissão que não abandonaram, e sente-se nelas uma força de espírito que as identifica (é como as vejo, todas juntas, informais, à conversa) e que também as distingue - não eram assim as mulheres da minha geração. Quase nasciam velhas...

E agora:

Ei-las aqui, jovens, belas, cuidadas, cada qual com a sua novidade. Penso que não se tem, nesta época da vida em que tudo parece ou muito difícil ou muito fácil, em que uma ida ao teatro ou ao cinema - sem crianças - é bênção por vezes rara - penso que não se tem ideia de como é bom o momento, o tempo de ver crescer, de ajudar a crescer, de rir ou de chorar, sentimento à flôr da pele de que Proust falava, tempo tão longe ainda da fatal secura de alma que pode atacar de repente. As minhas noras formam aqui à minha frente uma roda de jovens mães que vejo agora rindo, de qualquer peripécia que tenha acontecido: uma perdeu-se no metro de Paris a outra deslocou um ombro a empurrar um armário sem pedir ajuda, outra ainda fala de uma nova terapia, feita apenas de música e mais música... não está mesmo bom este bolo de amêndoas? Já conheço a receita, foste tu que fizeste? Não, trouxe do Corte Inglês, ah mas é óptimo!

Ultimamente inventámos um ritual para as crianças irem para a cama: tudo na sala, a ver uma ópera que o pai escolhe em DVD. As crianças preferem, não querem ir para a cama... E então já são elas que dizem ó pai, então hoje não vamos ouvir ópera? E lá vai mais um acto, de Mozart, ou Wagner (!), ou Strauss... e aguentam a pé firme! Era o Pedro a falar. Entro eu na conversa, que grande praxadela! (é assim que oiço dizer agora, em vez de grande maçada, ou de grande estopada, e logo eu que adoro Wagner!).

Rilke não teve uma vida de família. Viveu protegido mas sempre solitário, e é a solidão que a sua poesia interpela, mediada pelos Anjos. O amor que descreve, da Bela Portuguesa (que afinal era um francês sedutor, e não uma freira apaixonada, segundo os eruditos, mas a lenda fez carreira no mundo literário), ou da silenciosa Abelone, e mesmo da Dama das Tapeçarias do Museu de Cluny, que a Licorna escolhe para no seu colo virgem repousar a cabeça - esse não é um amor feito de entrega, de riso, de alegria, entretecido nas horas que se vivem, se sucedem, se desmancham (no amor também há lágrimas e muito sofrimento) se voltam a recompôr... mas nada, penso eu, neste momento (será dos anos que faço, será da chegada delas com as crianças, enquanto os marido só virão mais tarde?) nada se iguala a uma roda de mulheres no esplendôr da vida e das vidas que não recusaram: o esplendôr de ser mães.

Daí retiram tanta força, tanta resiliência. Aos homens não foi dada tanta força.

Numa semana, mais coisas ainda: um aniversário discreto, mas celebrado também longe, por mão amiga, no Porto. Ignoramos que temos afinal tantos amigos, e não só de Facebook... Logo a seguir um enorme desgosto, a morte de uma jovem, filha de uma grande amiga minha, também do Porto. Para ela, tão bonita e alegre, escrevi um poema de saudade. O que há com o Porto, onde vivi em criança, que ainda hoje vem ter comigo, por uma ou outra razão?

Assim se foi abrindo o novo ano, este 2014 de que nada sabemos por agora.

Começou a semana, e eu sinto-me como se a semana já estivesse a acabar.

Vivo um tempo adiantado, um tempo acelerado sobre os dias, que troco, sobre as horas, que nunca sei. Sei ao menos que mudámos de mês, estamos em Fevereiro, chove, faz frio. No Algarve talvez haja algumas amendoeiras assustadas? De flôr rosa? De flôr branca? Evocando a lenda fundadora, daquela princesa árabe raptada ao pai, levada para ali? Mas recordo que tenho um compromisso com Rilke: vamos lá saber por que razão tinha aqueles medos de noite, o que havia nas antigas paredes, nos corredores, nos retratos que pareciam falar. E depois ir ver em Pessoa, no jovem poeta adolescente o poema da mão: também Pessoa/Alexander Search escreveu sobre essa mão assustadora, e eu desconfio que foi em Rilke que descobriu a imagem e tentou traduzir, ou simplesmente entrar em diálogo com ele ampliando um tema que o seduziu por ser sombrio, como sombria ele achava que já era a sua vida...

O que eu não fizer hoje, por qualquer razão, farei nos próximos dias.

Surgiram outras coisas, pelo meio, entre elas o belo livro de poesia da Teresa Horta sobre A Dama e o Unicórnio. Escrevi para ela dois posts, que demoraram, e a seguir fiquei eu com a ideia de continuar a "ampliar", como na alquimia, outros sentidos da Dama, do leão, da licorna, a atmosfera oriental de que está rodeada a sua tenda, a delicadeza do gesto com que retira a jóia que vai guardar no cofre... preciso de voltar a olhar com detalhe para as tapeçarias, uma a uma e em especial a sexta, a mais carregada de segredos. Preciso de mais tempo.

Acordo com uma imagem terrível: um punhal ensanguentado erguido sobre o peito de alguém, que está a ser apunhalado com raiva, várias vezes.

No sonho, ou terá sido ao acordar? ainda penso: o meu filho corre perigo.

Fico estonteada na cama, imóvel, é um sonho, nada posso fazer, e a imagem permanece fixa à minha frente. Punhal ensanguentado, apunhalar... risco de vida... Não encontro sentido. Tanta raiva na mão que se ergue para apunhalar vezes sem conta, o sangue a escorrer - o que se passa? E quanto tempo irei ficar aqui, sem fazer mais nada, não esquecendo a imagem? E a ideia do perigo. Alguém, perto de mim, corre perigo.

Recebi carta da Eugénia, a minha amiga querida, a que perdeu a sua filha, tão jovem ainda e tão linda... está de coração partido.

Era esse o punhal, o sangue escorrendo, a dôr vezes sem conta repetida... Diz-me a Eugénia, na carta, que ainda hoje espera por ela na cozinha, a filha chegava tarde, e ficavam ali a tomar chá e a conversar um pouco, antes de subirem para os quartos... uma filha com nome de Anjo, Angelina. Que sonetos lhe escreveria Rilke... Ainda não tive coragem de pegar no telefone para falar de viva voz.

Mas por dentro, por dentro, sofro com ela, estou presente. De novo aquele punhal erguido, a pingar sangue, uma e outra vez... não se apaga a imagem.

Faz-me confusão a facilidade, para não dizer o entusiasmo, com que as pessoas de todas as idades se apresentam e expõem no Facebook. A vida profissional ainda consigo entender, embora ache que devia haver uma página gerida pelo editor, pelo agente, o manager, e não pelo próprio. Mas a vida pessoal, a intimidade, as alegrias ou desgostos de amor... as roupas, os penteados, as mudanças... como se a exposição ali trouxesse algo de melhor que não obtêm da vida... Respondo, por delicadeza, em cada dia a mais alguns pedidos de "amizade" que de amizade nada têm: são pedidos de curiosidade, e o Fb aproveita, vai divulgando, fechando profiles, como dizem. Abomino o género, agora tão na moda que parece impossível fugir-lhe. Um desses "amigos", a quem eu disse que era melhor ler um livro meu (ele queria conhecer-me) respondeu que não era tanto para ler os livros mas mais para conhecer a pessoa que eu era que tinha feito o pedido de amizade. Eu respondi que perdia o seu tempo. E quem lhe dizia que a pessoa (de qualquer autor) não se revela, não se encontra ainda melhor num seu livro? Que saberíamos nós hoje de Fernando Pessoa e dos seus múltiplos heterónimos, em que o que ele é se revela plenamente, se não o tivéssemos lido? A sua vida foi solitária, oculta, quase, a não ser da família e alguns amigos e é na obra que ele se dá a conhecer como um todo, de pensamento e de sentimento, expondo o que nunca, em conversa que fosse com quem fosse, se poderia adivinhar. Nem sequer na mal-amada Ophélia! Mas deixemos o Fb, não é assim tão interessante que justifique o tempo que se perde. Escrevi sobre o livro da Teresa Horta, e coloquei um post no blog de simbologia e alquimia. Ao reler alguns dos meus velhos livros, percebi que a natureza da Dama, que se confunde com a da Licorna, mercurial e lunar, está claramente exposta numa das gravuras de um conhecido tratado medieval. É a Terra-Mãe, exposta na sua nudez, erguida sobre um globo que é o mundo material, com os elementos, os princípios, a geometria do desejo amoroso que percorre a criação - foi por esse amor que Deus criou o mundo - e permite que toda a matéria negra se sublime no vermelho mais intenso e mais perfeito da rubedo. De negro e de vermelho se constituirá o Andrógino hermético, que poucos conhecem (ou reconhecem) para além do mito de Platão. E contudo esse é o Uno e o Todo que atravessa as esferas, do superior e do inferior, numa cadeia perfeita e renovada.

Vejo a cara do meu editor, se alguma vez lhe chegar a mostrar estas minhas prosas, e já oiço o que diz: tens a mania do hermético, fica tudo confuso, difícil, ilegível... nunca terás público... e tem razão. Mas não me interessa o fácil. Nunca o Belo foi fácil, nunca o Conhecimento filosófico, hermético ou não, foi acessível, era preciso ler e reler e tornar a ler, para que as escamas caíssem dos olhos e se pudesse ver. Traz sofrimento? É verdade. Os portões que se abrem escapam depois à Razão. É assim que este sonho, por exemplo, do punhal que se ergue ensanguentado sobre um peito que esfaqueia me persegue e assusta, não o consigo entender.

<u>1 de Março</u>

É Carnaval e nem dei por isso, só quando abri de manhã

a televisão.

Acordei de madrugada, fui para a cozinha fazer café, voltei para a sala, fiquei a ver no Mezzo uma ópera de que já me esqueci. Penso na velhice porque a sinto, velhice é esta espessura que nos bloqueia o pensamento, esta densidade que nos torna pesados, lentos, esta incapacidade de decidir e fazer. Decidimos e ficamos à espera. Mas de quê? Não há mais nada a esperar. Até o meu ensaio marca passo, os livros que encomendei nunca mais chegam, e eu quero uma bibliografia actualizada sobre o pintor da Dama e da Licorna.

3 de Março

Entrámos em Março como saímos de Fevereiro?

Não, agora temos no mundo uma nova crise, a da Crimeia, atrapalhando a Ucrânia, a Rússia, o resto do mundo, EUA e União Europeia, que de união tem cada vez menos. A atribuição dos Óscares distrai a noite, mas o dia acorda na mesma, com o problema em aberto e em discussão premente. Quanto a Portugal... segue no seu estreito caminho de intriga baixa e baixíssima política. Não irei votar, está decidido. Lemos, vemos, ouvimos, como dizia Sophia de Mello Breyner - não podemos ignorar. Mas não há espaço, na nossa idade, para novas revoluções. Fez-se uma, não resultou como devia... Passaram quarenta anos, e mergulhámos cegamente noutras espécies, mais subtis, de ditadura : a do euro, um erro terrível... até na proximidade do nome, euro, erro...

Vejo no Facebook fotos da Angelina. Aquele olhar azul, já tão desfeito...

Vinda do sul de França trazia na bagagem ervas para chá e plantas aromáticas variadas. De manhã cheirava a sabonete de lavanda. Correu pela vida, perdidamente, amou, quem sabe mais do que podia. E morreu de tanto amor, de tanto amar...

10 de Março

Aqui manifestações várias, enquanto o 25 de Abril, tristonho, se aproxima. Pouco há a festejar, excepto a Liberdade, que se perdeu com a Europa e o Euro. Poucos pensaram nisso, a classe política, tão subserviente como outrora, a tudo cedeu, sem condições. Nós, da geração de sessenta, a de todos os entusiasmos, envelhecidos, uns, doentes outros, e alguns já tendo morrido, sabemos que nada podemos mudar. Na boa altura falhámos. Eu votei contra tudo, mas quem sou eu, no meio da multidão de políticos ávidos de chegar ao poder, apenas para comer? Comer tudo, comer tudo, como se diz na canção que passam de manhã nas rádios. O Zeca Afonso distraiu por uns tempos, mas também ele morreu.

A malta nova quer é Rock, dança e agitação, com muita droga à mistura.

BOM SENSO: um palavra enterrada. Coerência, outra que tal. Honestidade intelectual - dessa nem se pode falar. Só os tolos insistem em ser honestos. Então por que me dou ao trabalho de anotar aqui estas ideias?

EXERCÍCIO PARA ESCOLA DE TEATRO

(a continuar depois, em folha à parte).

No consultório de um psicólogo

Começo eu. Já tem os meus dados, a senhora da recepção abriu uma ficha.

Sim, mas a minha ficha de trabalho será outra. Que razão a traz aqui?

Uma depressão.

Mas como sabe que tem uma depressão?

Conheço-me. Bem vê na minha idade... já tive outra, quando era nova.

E o que fez?

Fui para um Hotel, ao pé do mar, e escrevi o meu terceiro romance. Era à volta das palavras, sendo que palavras são na verdade sentimentos, e nunca achamos as palavras certas. A heroína é estrangulada, no fim, quando um deficiente que a persegue lhe quer precisamente obrigar a dizer as palavras certas... arrancá-las à força... não é por mal, mas mata-a quando alguma palavra estaria finalmente a ser dita.

E ficou bem, depois disso?

Fiquei, mais disponível para o trabalho que tinha, as aulas na Universidade, a família, marido e filhos pequenos em casa. Sim, fiquei bem.

Bom. E agora?

Ah, agora, tanta coisa mudou. Não sou dona da minha vida.

É o que sente?

Estou a deixar de ver. Não leio, escrevo com muitas gralhas no computador, e se fosse agora publicar um livro não poderia fazer a revisão. Já com o último pedi ajuda. Na cozinha, que não é o meu espaço de culto, mas onde sempre se espera que faça alguma coisa, deixei de ver os botões, não mexo no fogão, tenho receio.

Mas não vive sozinha?

Não, não, tenho uma empregada que ajuda. É uma sorte.

Que remédios lhe deram?

Xanax. Ao pequeno almoço, antes de me atirar para o dia. Mas repare, sinto que estou a embrutecer: esqueço-me dos nomes, dos título dos livros, de uma ou outra coisa que queria lembrar. E cai-me imenso cabelo.

Isso não é do remédio, é um pouco do seu estado geral.

Faz algum exercício?

Nenhum. Sei que se recomenda, mas eu quando tenho energia prefiro ir para o computador escrever, enquanto posso. Já vai sendo difícil.

Uma coisa não impede a outra...

Pois não, mas é assim.

Não sai de casa? Há quanto tempo?

Há vários anos. Como estou reformada não tenho compromissos que me obriguem.

Mas é péssimo! Nem um passeio pelo bairro? Um cinema, um teatro?

Nada.

O que diz a sua família?

Não pergunto, estão habituados a ver-me ao computador, a trabalhar... uma ou outra vez lá me censuram.

15 de Março

O sonho da maldição.

Terei de falar nele, mas ainda não tive coragem. Seria mais para um padre do que para um psicólogo. Mas um dia falarei dele, agora que neste sonho recente, de hoje, dia em que a minha mãe faria anos, 15 de Março, dei comigo a gritar retira a maldição! Retira a maldição, vai virar-se contra ti! A maldição fora há anos um grito de raiva tão assustador e tão de dentro, daquela mulher de dedo apontado, do alto do muro: Vais morrer! Vais morrer! Eu respondi apenas: Pois vou. Todos vamos morrer um dia, ninguém é eterno... e afastei-me sem mais.

Nos meses seguintes, a conselho de uma amiga que nos conhecia a todos, e a mim em particular, comecei a ler de noite um Salmo de David, o 116. Ler era como eu pedia ajuda, era como rezava. A minha mãe, ao morrer, deixara apelos, tivera medo, mas nunca suspeitara de que à sua roda poderia ter havido tanta perseguição e tanto ódio. E mesmo que suspeitasse, doente e assustada, pouco poderia ter feito. As coisas são como são, e as pessoas que nos rodeiam revelam-se quando nos sentem mais frágeis e impotentes. Ou quando a raiva as devora. Li então, regularmente, à noite, já deitada, o Salmo:

Aleluia!
Amo! Pois Yahvé escuta
o grito da minha oração;
inclina para mim o seu ouvido
no dia em que chamo por ele.
Os laços da morte prendiam-me
as redes do shéol;
a angústia e a melancolia apossavam-se de mim,
chamei o nome de Yahvé.

Yahvé é justiça e piedade,
o nosso Deus é ternura;
Yahvé defende os pequenos,
eu era fraca, ele salvou-me.

Regressa, minha alma, ao teu repouso,
pois Yahvé te fez bem.
Protegeu a minha alma da morte, os meus olhos das lágrimas
e os meus pés do passo em falso.
...

E assim por diante, noite após noite, por mais de um ano... Mas não falarei mais disto. Passou quase uma década, não vale a pena. Sofro, quando me lembro, é verdade, sofro ainda. Talvez seja o que explica o sonho em que grito que a maldição seja retirada. O que diria o psicólogo? Que não há maldições, que é tudo crendice popular?

21 de Março

Terei sido ajudada por essa leitura? Julgo que sim, era um bálsamo da alma, mas os sonhos perduraram, e até hoje. Nada disto tinha interesse, na minha opinião, para as conversas do psicólogo. Não contei, mas talvez conte um dia.

Chegou a Primavera. O mundo em ebulição: a Rússia anexou a Crimeia, os EUA anunciam sanções, a União Europeia faz o mesmo. A Ucrânia: estará iludida com a opção que tomou?

O Pedro veio ver-me, e a meio da conversa sugeria que eu falasse mais da minha mãe, da família polaca. Nunca poderei falar muito, até porque era a tia Guenia, minha madrinha, irmã mais velha da mãe e vivendo em Paris desde jovem - por isso tendo escapado aos massacres dos nazis - era ela que mais gostava de me falar desse passado. Anos 50-60, a França um país livre, Portugal uma ditadura ainda pesada, a minha mãe tinha medo de falar: em Portugal uma polaca, ainda que casada com um português, tinha marcas, ou pelos menos assim era vista, do Império Soviético e da Ditadura Comunista.

Mas a mãe não era comunista, o problema era antes o meu pai - e daí que nem um nem outro me falassem muito - o meu pai oposicionista de sempre, várias vezes preso pela PIDE, quando jovem, depois emigrando para a Argentina, mas regressando sem mudar de ideias, procurando sempre a ocasião de defender os seus ideais contra uma a sociedade burguesa, acomodada e servil, muito longe ainda de desejar qualquer mudança. Em 1958 apoiou o General Humberto Delgado. Vivíamos em

Coimbra, perdeu mais uma vez o emprego, viemos para Lisboa onde pareceu renunciar a intervenções mais ostensivas (mas só na aparência) e onde eu acabei o meu curso na Faculdade de Letras. A minha mãe refugiou-se em Paris, em casa da Guenia, eu fui no Verão lá ter com ela, e pela casa ouvia a música da língua polaca, entre elas, e ainda com os outros irmãos vivos, o Michel, rescapado de Auschwitz, o Artur, e o Cali. Estes tinham vindo muito cedo para França. O tio Michel, na guerra, em Lodz, perdera o contacto com a mulher e um filhinho pequeno, de quatro anos, quando foi levado para o campo de concentração. Levara tanta pancada dos guardas (de início fazia falta para trabalhar, era dos homens válidos) que quando conseguiu fugir, por milagre, ficando um ano numa floresta a alimentar-se dos bichos e das raízes que apanhava, perdera a humanidade: mal falava, tinha uma paralisia devida a um tumor no cérebro de que foi operado por duas vezes, já depois da guerra (com indemnizações da Alemanha derrotada) e nunca mais recuperou da sua profunda melancolia.

Pesquisaram para ele, durante anos, memórias, fotos, filmes, a ver se descobriam por sorte, algures, a mulher e o filhinho perdido. Veio ao meu casamento, em 1964: um eslavo elegante, discreto, olhos azuis, na sua cadeira de rodas. A Guenia também veio. Ainda hoje tenho à entrada do nosso quarto a pintura de uma festa de casamento na aldeia, feita pela Elsa Henriquez, pintora mexicana que a Guenia protegia, expondo as suas obras na Galeria des Quatre Saisons, e que ilustrou muitos dos livros de Jacques Prévert, sendo ambos amigos lá de casa. O marido da Elsa também era pintor, mas menos exuberante, e de carreira pouco intensa. Deixava o lugar de maior visibilidade à mulher.

Pediu-me o Pedro: conte mais coisas da família.

Na verdade, só posso contar o que a Guenia me contou. Em Paris a minha mãe desabrochava, mas não falava do passado, vivia um presente feliz, de saídas, teatro, ópera, museus, convívio com aquele meio de criadores formidáveis que viriam todos eles a ser tão conhecidos... Armazenava energias, para o regresso a um Portugal cinzento e que ela achava sempre e ainda perigoso, por causa do meu pai. O meu pai, republicano, ex-maçon, irredutível nas suas escolhas: sempre ao lado dos mais simples, dos mais pobres, sonhando com a queda da Ditadura. Que só havia de acontecer uma ano depois da sua morte...

Continuando:

Da chegada a Paris, tinha eu doze anos:

Viagem longa, no Sud-Express, em segunda classe. Mas partir era maravilhoso, o brilho nos olhos da mãe era tão intenso, o medo - eu sentia que ela vivia com medo, um medo talvez absurdo, mas verdadeiro - de um Portugal perseguidor, desaparecia por completo.

A minha mãe ainda era bela, jovem, radiosa na sua elegância natural, na sua expectativa de uma outra liberdade de existir. A vida em França, sobretudo em Paris, naqueles anos do pós-guerra era intensa e vibrante, de respiração feliz.

Era a primeira viagem a França, desde o regresso da Argentina, onde tudo, para ela, tinha corrido mal. O pai não se entendia com o país, viveram primeiro em casa do irmão mais novo, Léon, que da Polónia fora para Paris, onde estavam os outros irmãos, mas seguira mais tarde, quase no fim da guerra, para Buenos Aires, passando primeiro por Lisboa, enquanto aguardava o barco em que partiria, com a primeira mulher. Um navio inglês cheio de refugiados, com rumo a Buenos Aires. Em 1946, com o meu pai a querer também sair de Portugal, foi de avião que partimos, mas em 1950 foi num desses grandes navios que voltámos. Voltando ao Léon: ficou no Palace Hotel, eu tinha 4 ou cinco anos, talvez cinco, dá-me ideia, pela foto. Dizia que a guerra não deixaria nada de inteiro na Europa. Os meus pais foram ter com ele a seguir à guerra, em 1946: lembro-me das lágrimas da avó, no aeroporto, lembro-me da paragem no Rio de Janeiro, da subida ao Corcovado, de táxi, com o meu pai. E da chegada a Buenos Aires onde o Léon nos esperava. Quando nos mudámos para a nossa casa, perto do Colégio de freiras francesas que frequentei, as discussões entre o pai e a mãe eram frequentes. Ele queria voltar assim que fosse possível.

Ela queria ficar mais tempo, dar tempo, aquele era o seu irmão mais novo, o preferido, o atrevido, fugira da Polónia porque os pais lhe tinham arranjado um casamento que ele não desejava, um casamento judaico... a sua paixão era a ópera, e as suas amigas eram cantoras, que ele convidava e vinham a férias connosco, em Mar del Plata. Aos dez anos, o ano de regresso a Portugal, eu tinha estado pela última vez em Mar del Plata, e à noite adormecia com a amiga cantora, mais uma, a cantar alguma ária de ópera conhecida... hoje penso que foi tudo mais do que um sonho, um luxo, e que destas todas viagens se foi alimentando a minha vida, o que sou hoje. Léon casou, finalmente, e teve uma menina linda, de quem tenho um retratinho com ele junto ao berço. Vou entregá-lo à Cristina, por ali verá o amor que o seu pai lhe tinha.

O nosso regresso foi de barco, durou quase um mês a viagem. Tenho poucas memórias, a não ser das sessões de pose para um pintor exilado, que regressava à sua pátria alemã, ou não sendo possível iria para o Brasil, pátria de tantos exilados de todo o mundo. Fez-me um retrato a lápis de carvão, que ainda tenho, cara de criança com uma touca de lã. Não sei por onde andará perdido nas gavetas. Serei eu? Ou já seria outra coisa, outra pessoa? Um rosto de grande timidez, não me lembro mas não devo ter gostado das sessões em que ele me desenhava. Chegados, mas sem casa em Lisboa, e o meu pai sem trabalho, fomos directos para Tavira, para casa da minha avó. Ficámos lá um ano, foi quando frequentei a Escola de Pescadores, para fazer o três primeiros anos de enfiada, da Primária. O resto seria já no Porto, num Colégio.

E a seguir, em mais uma mudança, para Coimbra, a tal viagem a Paris, para a minha mãe finalmente respirar de alívio. Ficámos quase um ano. Paris era Saint-Germain-des--Prés, rue Mabillon 2, em frente a um mercadinho antigo. Era o bairro dos artistas, era o bairro que não dormia nunca. Eu ficava à espreita, na janela, ouvia os sons dos carros, as vozes das pessoas, a rua da minha tia era uma transversal daquela animação que chegava até mim, aos meus doze anos disponíveis para todos os espantos, e me deixava longas horas acordada, emocionada sem saber bem porquê. Os anos seguintes haviam de confirmar que em Paris, minha segunda casa (fora já, em criança, o francês a minha primeira língua) a minha mãe recuperava uma felicidade antiga, perdida, e eu ganhava mais paixão pela liberdade e pela cultura, pela arte, com que convivia já naturalmente. A casa da Guenia era uma casa de artistas: pintores, escritores e poetas, cineastas, bailarinos. Um espaço que ela alongara no seu Théatre de Nuit, La Fontaine des Quatre Saisons, a que se tinham associado os irmãos Prévert, Jacques e Pierre. A casa tinha uma entrada cheia de grandes espelhos, o brilho azul de uma alcatifa por onde corria Héloise, a cadelinha teckel que nunca se esquecia de mim, e quando eu surgia à porta, mesmo anos mais tarde, dava logo sinal. Héloise tinha uma dieta, de carne crua e cenouras, de que Agnia a jovem au-pair se ocupava todos os dias. Agnia era o braço direito da minha tia, tratava de tudo, compras, cozinha, roupas, naquela altura a roupa da casa ainda era fervida na cozinha, em grandes panelas que só ela era capaz de levantar. (Vendo bem, no início dos anos cinquenta, não se estava tão longe assim dos sacrifícios da guerra). Era basca, exilada ali, julgo que por razões políticas. Tinha um namorado, também basco, que vinha buscá-la ao fim do dia.

30 de Março

A minha mãe falava da casa da Polónia. O meu avô, arquitecto, projectara o bairro onde viviam, o nome dele estava inscrito numa placa. Eram nove filhos, os mais novos, como é natural mais próximos no convívio, nas brincadeiras, o Michel, a Guenia, o Léon, a minha mãe (Rosine, petit nom que a Guenia sempre lhe dera). Paris era a capital da cultura e do mundo, e os meus avós deixaram que esses filhos decidissem ir para lá viver. Quanto aos mais velhos, porque já tinham casado, já tinham as suas vidas organizadas em Lodz, ficaram e sucumbiram ao destino mais cruel que se pudesse imaginar: o ghetto, as perseguições, os campos de concentração (Michel ainda fora apanhado com a família e só depois, fugindo, chegou a França onde estavam a Guenia, com Paul, o marido, um dos muitos e discretos heróis da Resistência). Foi Guenia quem o ajudou e lhe foi devolvendo o gosto de viver.

Falarei então um pouco dessa casa grande, de nove filhos, onde a mãe era fada do lar, o pão era feito por ela, as refeições, comidas em silêncio, e com respeito, o pai não permitia que os filhos interrompessem o diálogo entre ele e a mãe e ainda menos que se comentasse o gostar ou não da comida posta na mesa, e que ela cozinhara. A minha mãe recordava a única vez que o pai batera no Léon, sendo ele já um rapaz crescido: esta sopa é uma porcaria, tinha dito baixinho à mãe, e logo levou um tabefe e foi comer para a cozinha sozinho, de castigo.

Embora religiosos, os meus avós polacos nunca forçaram os filhos a seguir a sua religião, que era a judaica. Muito novos ainda, já o Léon, a Guenia e a minha mãe se tinham ligado a grupos marxistas, tinham fundado um teatro que se desejava de vanguarda, e sonhavam com a ida para Paris. Em Paris já se encontravam o Cali e o Artur, seria fácil. Difícil era convencer os pais. E contudo foi essa quase fuga para Paris, quase ofendendo os pais, que lhes salvou a vida. Como eles eram os mais novos, o pai não os queria perder tão cedo, a mãe gostava de os ter por ali, bem perto, sonhando com os seus destinos, que nas famílias judaicas tradicionais seria decidido por escolhas sábias, entre famílias de cultura semelhante. Estes, o Léon e a Guenia, mais novos, eram os rebeldes. E lá se foram, para destinos bem diferentes, felizes enquanto duraram.

Foi mais uma vez um sonho que trouxe o aviso, sonho que não contei a ninguém, mas deixo aqui: numa esplanada ao ar livre, junto a uma biblioteca, está um irmão do B. que morreu há dois anos; está ali à espera da mulher, mas é a mim que chama e pergunta por ela. Eu digo-lhe que ela deve estar lá dentro, nas salas da biblioteca. E é para lá que caminho, e acordo. Ao acordar penso: veio buscar alguém.

1 de Abril

Entrámos em Abril, desta vez com sol.

O sol devolve alegria e energia, respondi a uns mails, preparo-me a sério para ir rever de novo a tradução de Lessing, Nathan o Sábio, tão actual e tão distante desta Europa mesquinha, egoísta, dividida! Certo, eram os ideais da maçonaria oitocentista. Mas serão tão diferentes hoje os ideais que devíamos promover?

Que mundo é este, sem ideais, e como evitará a Europa a decadência?

Ontem sol, embora tímido, hoje de novo chuva e vento. Sismos de grande magnitude no Chile, tempestades do deserto que trazem do Saará para a Europa uma poluição assustadora.

10 de Abril

Faz anos o meu sobrinho mais velho. Tinha sete anos quando nos casámos, um rapazinho divertido, risonho, maroto, brincalhão. O fotógrafo do nosso casamento encantou-se com ele, subindo às árvores no jardim, e foi ele a vedeta da festa e da abundante reportagem que depois nos entregou. Ainda hoje sorrio, a ver as fotos.

O país político continua mesquinho, incompetente, vingativo. Tem dois alvos preferenciais, os reformados e os funcionários públicos, ou seja, os que não podem fugir ao ínvio saque, que nem com a proximidade do 25 de Abril o Governo disfarça. Qualquer desculpa, qualquer mentira serve, entretém os jornais, assusta um povo ainda tão impreparado, e segue em frente.

Pelo meio o Benfica vai ganhando e deixa que o sol da vitória alumie as tristezas. Mas não chega... Falta-me dizer que acabei hoje a revisão do Nathan de Lessing, com as indicações, preciosas e generosas, da Manuela Nunes. Vou pedir que escreva ela o prefácio. Assim me vou despedindo das promessas feitas ao amigo Joaquim Benite, pouco tempo antes de ele morrer.

24 de Abril

B. foi hoje operado ao coração.

Correu tudo bem, já fui vê-lo ao bloco dos Cuidados Intensivos, estava a acordar da anestesia. É forte, agora vai recuperar, é um grande exemplo para todos. Oiço uma enfermeira, com a papeleta na mão exclamar: safa, este é só penálties! E ele depois contou ao médico que tinha ouvido, mas já meio a sorrir.

Ele é assim. Forte e com sentido de humor...

Alguém escreveu sobre o livro do Rui Zink, A Instalação do Medo. Belíssimo livro que devia ser lido e relido. E Maria José Morgado falou disso mesmo, do medo. Há medo: de falar alto e bom som e perder o trabalho, de ver os filhos afastados de funções a que tinham direito legítimo, por mérito, de ser despedido sem mais, agora que isso se tornou possível, de perder a casa onde se vive - enfim, um generalizado medo de existir, com direito à existência. O país político apoderou-se dos corpos e das almas, o sofrimento alheio, a fome de regresso às famílias, não impressionam governantes, nem de cá nem da famosa Europa, o monstro que sugou os mais fracos, deixando à vontade os corruptores e os corrompidos.

27 de Abril

As notícias são a canonização de dois Papas em simultâneo: João XXIII e João Paulo II.

Penso no Binau. Tem sido tudo um milagre, de força e resistência. Comprou uma bengala, mas não acho que precise dela. É um toque de elegância meio snob! Fica bem com o chapéu panamá que comprou, por causa do sol e do calor. Já fez sucesso no Benfica: olha o avôzinho, está de volta! O meu neto António ia com ele, rebolou-se a rir.

Devia escrever os dois últimos sonhos que tive, já com B. em casa, na sua convalescença.

No de domingo passado vejo-me numa sala da Assembleia da República onde um pequeno grupo de deputados falam quase indiscretamente do que pensam, do que dizem, do que irão fazer. Interrompo um deles, que não se calava e observo-lhe que quando estão em reunião de trabalho deviam correr as cortinas da sala, fechar a porta, falar baixo... logo a seguir vejo-me no átrio e descubro com espanto que estou sem sapatos, só com meias de seda, e sem carteira. Preciso de telefonar para casa, para alguém me vir buscar... peço o favor a uma menina da recepção.

O sonho de hoje, terça-feira é mais intenso. No anterior é o espanto que me toma ao ver-me de pés descalços no chão, e sem carteira, ou seja, sem recursos para regressar a casa.

No outro sonho: vejo-me no meio de uma crise: tinha convidado um casal muito nosso amigo a passar um fim de semana em nossa casa. Como se a casa fosse no campo ou na praia, estamos ao ar livre no jardim, e na hora de recolher descubro que não tenho toalhas para os convidados. Procuro nos armários as toalhas, não estão lá, se calhar ainda não foram lavadas, mas havia tantas, não era suposto uma coisa destas, e desato a chorar, abraçada ao convidado amigo, que tenta consolar-me. É então que me ouço a dizer, antes de acordar, corre-me tudo tão mal..."

E acordo.

6 de Maio

Uma surpresa, um pequeno post muito bem escrito, alguma jovem inglesa de nacionalidade e amante de jazz, que diz que há mais de quinze anos que frequenta o Hot Club, faz esquissos dos músicos ou de quem aparece, e foi ver a conferência do que antecedia o concerto de apresentação do disco, de JUST IN TIME. Além de muito bem informada, escrevendo com sensibilidade e inteligência, encontra no nome do Binau um "mantra" que me comoveu muito: Be Now. Sê Agora. E é o que define o jazz, na sua essência: o momento de agora, o instante que no agora se vive e se exprime... e tem definido quem sabe a vida do Binau e a sua imensa sorte em não ter sucumbido a tantas operações tão graves... Be Now! BINAU. Quem diria que é uma jovem amante de jazz que lhe encontra no petit nom o sentido profundo da sua vida... Deixou-me maravilhada.

17 de Maio

Haverá Eleições Europeias no próximo dia 25.

Não dizem nada a ninguém, e eu, se fôr votar, será para voto branco.

Não há democracia nesta Europa, não há justiça nem solidariedade, o voto dos pequenos não tem peso. Talvez um dia venha a ter. Por enquanto a imagem é a de um projecto falhado, uma utopia muito mal desenhada e de que só alguns tiraram e ainda tiram proveito. Os mediadores, os facilitadores...

20 de Maio

Trazer aqui memórias? Algumas, a pedido dos filhos.

Quem sabe se alguma vez, para filhos ou netos serão interessantes. Já falei do meu pai num romance que se calhar não será publicado, mas posso evocar aqui outros detalhes da sua vida. Escrevi para o Prof. António Ventura, historiador da Maçonaria em Portugal uns quantos apontamentos que ele pedia. Encontrou dados do meu avô tavirense, e do meu pai, e das suas actividades "ao negro" em Tavira, e no Algarve. O meu pai, em Coimbra, estudou medicina, até ao quarto ano, tendo depois desistido, por ser sempre preso em alturas críticas, exames ou perto deles. Já a minha avó, sendo viúva, dizia não conseguir ter mão nele (actividade política). Mas desconheço as datas, terei de procurar nos únicos arquivos que possam confirmar os acontecimentos, os da PIDE, na Torre do Tombo. Sei, porque isso ele um dia contou, que esteve preso, entre outros lugares, também na Cadeia da Relação do Porto, hoje museu da fotografia.

Quando fez o serviço militar em Tavira, como miliciano, foi igualmente preso por ter posto, na Parada, o seu batalhão (?) a cantar a Internacional.

Foi em 1938-39 que, em Paris, reunido a um grupo de amigos militantes de esquerda (escritores, pintores, fotógrafos-jornalistas, entre eles o grupo que fez a cooperativa ou a associação Magnum, mais tarde tão célebre) conheceu a minha mãe e parte da sua família que vivia em Paris (a minha mãe era natural de Lodz, na Polónia). Em 1939 a minha mãe vem ter com ele para casarem em Lisboa, a guerra já tinha começado, e eu nasci em 1940. Já com duas filhas, (tenho uma irmã mais nova, nascida em 1946) e sempre incomodado pela polícia, decide partir com a família para Buenos Aires, onde vivia um irmão da minha mãe. Recordo as lágrimas da minha avó, no aeroporto, a despedir-se de nós. O exílio na Argentina, em 1946, foi-lhe penoso, pois era aqui em Portugal que desejava mudanças, e regressámos em 1950, indo para Tavira, a casa da avó. Ficámos lá um tempo até ele encontrar trabalho no Porto.

Aos domingos almoçávamos sempre na Associação de Jornalistas e Homens de Letras onde julgo, pois eu era tão nova ainda, que muitas conversas de "preparação" teriam lugar. Era por via de perseguições da PIDE que perdia os seus empregos e se via forçado a mudar de cidade. Em 1953 fomos para Coimbra, onde completei o liceu e frequentei a Faculdade de Letras até ao terceiro ano, e a seguir à campanha do General Delgado, em que o meu pai esteve envolvido, viemos para Lisboa: nova fase de vida, sem trabalho, durante algum tempo. Os encontros do meu pai mantinham-se cada vez mais discretos, em casa nada dizia. Era em França, com os meus tios, que eu, já adulta, ia sabendo de uma ou outra coisa. Sei que, tal como o meu avô, alguma coisa o desgostou na maçonaria, pois embora nunca me tivesse contado nada, acabou por afastar-se. Posso dizer que o meu pai viveu sempre do lado dos pequenos, não dos grandes, defendendo a liberdade, a igualdade e a fraternidade. Viveu e morreu como Republicano. No ano em que adoeceu gravemente e eu o acompanhei, traduzimos juntos o Othello de Shakespeare, para uma edição que publiquei na Verbo (e que o Teatro de Almada representa regularmente, ainda hoje.) Faleceu em 1973, não tendo podido ver a revolução cujos ideais tantas vezes tentara pôr em prática.

Depois do 25 de Abril vieram ter comigo, do Brasil, amigos revolucionários que não tinham sabido da sua morte e queriam que eu tomasse conta de uma revista de cultura e acção que se propunham fundar. A minha vida nessa altura não me permitia nada disso, e desistiram da ideia. Já não recordo os seus nomes, mas foi comovente o encontro com aqueles dois revolucionários idosos, dispostos ainda a mudar a cultura e a vida em Portugal. Na Universidade Nova de Lisboa, em 1974-75, então atravessando tempos complicados, uma funcionária, militante do P.C., veio ter comigo a dizer-me que, no Alentejo, fora com as iniciativas do meu pai que aprendera a ser o que era, uma combatente. Fiquei a saber por acaso, e por outros, o que o meu pai fazia nas suas viagens de "trabalho". Em Paris, no grupo de amigos da minha família programava, ou sonhava, as desejadas mudanças. Falo desse grupo porque dele faziam parte personalidades literárias como o poeta Jacques Prévert e seu irmão Pierre, cineasta, e fotógrafos de guerra do núcleo da Magnum, bem como parte dos oposicionistas portugueses. Sei, por exemplo, que foi amigo do irmão do Dr. Mário Soares (irmão que não conheci, nem conheço). E de Aquilino Ribeiro, bem como de Adolfo Rocha (Miguel Torga) e Assis Pacheco (que era o nosso médico de família em Coimbra), e pouco mais sei, de Portugal. Mas percebo o seu cuidado aqui, na nossa casa: casado com uma polaca de família intelectual, tendo duas filhas com que se preocupava, estando ele sob constante observação, num país que ainda hoje é bastante de invejas, hipocrisias, delações, não confidenciava nada que nos pudesse vir a prejudicar. É claro que hoje tenho pena, pois foi um homem de bem, fiel aos seus ideais, e gostava de falar mais aos meus filhos e netos do que ele foi e do que ele fez. Morreu sem que tal fosse possível. Vivemos, com ele, em casas sempre cheias de livros, de muita cultura histórica e literária, e com a clara noção de que a vida se guia por valores inestimáveis, que a nada devem ser sacrificados, sendo um deles, sempre a liberdade. A par do seu trabalho irregular, no que então se chamava propaganda médica (hoje tem outro nome, certamente mais pomposo) fazia traduções técnicas sobretudo de inglês e francês, línguas que conhecia muito bem. Eu por vezes também ajudava a rever. Era nos cafés, e nas esplanadas de café, que ele mais gostava de estar, e eu sou como ele. Posso ficar horas numa esplanada, com o meu café, deixando correr o pensamento. Uma última história, das pouquíssimas que nos contou: a dado momento (mas quando? Só vendo na Torre do Tombo...) esteve retido, sob ameaça de arma, algures nos Restauradores, por ter tentado ameaçar o General Carmona. Claro, foi preso novamente. Outra actividade, das muitas que fizeram, como dizia a minha avó, esbanjar o seu dinheiro: com um pequeno grupo, (acho que só podia ser ligado à Carbonária) investiu na aquisição de bombas, que ficaram escondidas numa determinada casa, num primeiro andar. O amigo que as levava com ele, deixou que caíssem pela escada abaixo, e quando já pensavam na explosão e que ali morreriam, sem mais, as bombas esfarelaram-se! tinham sido ludibriados, perdido bastante dinheiro, não havia ali nem sombra de pólvora. Um outro lado, bem real, dos sonhos revolucionários.

Evocando o tio Léon, irmão da minha mãe:

A mais antiga recordação, que deve datar de 1944-45, no máximo (pois em 1946 embarquei de avião com os meus pais e a minha irmã de 3 meses rumo à Argentina, onde o tio Léon já se encontrava) é de uma estadia com ele e a primeira mulher (ou seria apenas "petite amie?) no Palace Hotel do Estoril.

O tio Léon estava no Estoril, vindo de França e de passagem para a Argentina, onde iria viver durante muitos anos. Do Estoril recordo vagamente a praia. E do hotel recordo o átrio onde ficava a brincar com a porta giratória, até um groom me vir dizer que não se podia fazer isso. O tio Léon viera para Lisboa com a sua primeira mulher – e agora já é narrativa da minha mãe – em busca do novo mundo e das novas oportunidades que ofereceria. Jogavam no casino (o Estoril era célebre pelo seu casino e pela atmosfera verdadeiramente internacional que ali se respirava). O Léon e a minha mãe gostavam imenso de jogar. Sei ainda, pela minha mãe, que embarcaram num paquete inglês, e que os ingleses, a pretexto de "guardar" as jóias do tio ficaram com tudo o que de bom ele trouxera de França, não lhe devolvendo nunca nada e nem sequer indemnizando, pela via do seguro, o enorme prejuízo. Em 1946, o meu pai decide aceitar o convite de Léon e vamos então para Buenos Aires, viagem que se fez de avião, com escala no Rio e em Montevideo. Recordo a partida e a minha avó a chorar, como já disse. Ela pensava que iria morrer antes de nós voltarmos. E lembro-me, de, à chegada a Buenos Aires, ver o tio Léon à nossa espera. Nessa altura já ele estava divorciado da sua primeira mulher, estudava canto, vivia apaixonado por ópera e sempre rodeado da cantoras, algumas muito célebres. Era grande a sua sensibilidade musical, o que o tornava especialmente sedutor.

E ainda:

Em Buenos Aires do apartamento nas proximidades do palácio de Perón, onde se podia avistar Evita a brincar no jardim com os cães.

Léon vivia na zona mais elegante da cidade, onde também ficava o meu colégio, de freiras francesas, com quem fiz toda a escolaridade até aos nove anos em francês e castelhano. Em casa falava-se francês. O meu pai tinha muitas saudades, ouvia Amália aos domingos, na rádio. Mas eu era feliz: o tio Léon levava-nos de férias para Mar del

Plata, no verão; alugava uma casa de campo num pinhal junto à praia e à noite a sua mais recente amiga, uma cantora célebre, vinha ao meu quarto embalar-me cantando alguma Área de ópera. Deve ser essa a origem do meu gosto pela ópera, que não perdi nunca; na piscina do Grande Hotel de Mar del Plata aprendi a nadar, e a seguir, já na praia, o meu pai levava-me para o mar para eu aprender a entrar nas ondas sem medo.

Continuando com os tempos felizes: férias de inverno ou da Páscoa, não sei dizer ao certo, íamos para Córdoba, talvez uma estância de ski, ou algo assim, onde aprendi a andar a cavalo (há uns retratos perdidos desse tempo). De tudo o melhor foi um Natal em que pude ver ao vivo (!) o Pai Natal, subir de elevador (era no Harrods de Buenos Aires) e entregar-lhe uma carta com os meus pedidos. E no dia de Reis bateram mesmo à porta e vi no chão o bebé de borracha que tinha pedido (e que já de regresso a Portugal, em Tavira, numas férias, o meu primo João Eduardo havia de esfaquear numa operação médica de sucesso). Com o tio Léon vivia-se num ambiente feliz e descontraído, mas em nossa casa era visível que o meu pai queria regressar ao país que não conseguia esquecer. Por aí, no seu caso, se percebe a palavra saudade. A dada altura, talvez dois anos antes do nosso regresso, Léon vem almoçar lá a casa com uma senhora muito elegante, alta, loura, linda. Olhos azuis como nunca mais me lembro de ter visto outros tão belos. Era a sua futura mulher, Blanca, com uma primeira filha da minha idade, Sílvia. Ficámos amigas e cheguei a ir passar um fim de semana com uns primos desse lado, dois irmãos – lembro-me só do nome do Quique (Henrique), por ser tão diferente.

Última imagem:

Nós embarcando num paquete inglês e à despedida o tio Léon e a tia Blanca com um bebé ao colo, a Cristina, talvez com seis meses, ou pouco menos. Era o ano de 1950.

O que a Guenia e a minha mãe contavam:

Que Léon era o mais novo e mais bonito dos irmãos, também o mais alegre e rebelde, e ao saber que os pais lhe tinham combinado um casamento e era suposto que ele, que estava em Paris, voltasse à Polónia para conhecer a noiva - já não quis voltar. O mesmo aconteceu com a minha mãe - quando os pais souberam que iria casar-se com um português ficaram horrorizados, o país era de bárbaros, diziam, de árabes, não queriam acreditar; também ela nunca mais voltou à Polónia. Olhando agora, com olhar de adulta, para o que foi a vida do tio Léon: vejo nele um homem generoso, apaixonado, de alma turbulenta como são todas as almas sensíveis, e que não teve a sorte de ver crescer os seus netos.

A história do nosso país, com o 25 de Abril, virou-se contra ele e ele soçobrou no destino. Penso muito nele, sempre com muita saudade e carinho – quando eu era pequena ele foi um segundo pai, era o meu padrinho do baptizado que me fizeram em Buenos Aires para poder entrar no colégio, dando-me um nome que nunca uso: Maria.

Léon era a luz de uma casa, a nossa; na sua ausência vivia-se mais a tal saudade e alguma melancolia que a criança que eu era na altura não compreendia muito bem. Hoje sei o que eram: do meu pai o desejo de regressar, da minha mãe o receio; regressar era para ela regressar a um país onde a ditadura não facilitaria a vida ao seu marido, como se verificou; regressar só se fosse a França, onde tinha a irmã que adorava, a tia Guenia. Guenia, Léon e a minha mãe eram os mais novos da família da Polónia. Uma família culta, muito evoluída e liberal: o avô era considerado um grande arquitecto, havia um quarteirão com o seu nome. Embora muito religioso, Guenia dizia que ele era um Rabi a quem todos recorriam para conselho, nunca impôs aos filhos a prática da sua religião: estes, que eu saiba, não eram praticantes. Em Paris não se davam com a colónia judaica, embora tivessem amigos judeus. O seu meio era o das artes: poetas, pintores, cineastas, galeristas e Mecenas. Um deles, dos maiores que cheguei a conhecer, eram os Schlumberger, com uma filha, Carole, amiguinha da minha prima Sylvie (tinham quatro anos, andavam na mesma escola, e era eu que as ia buscar e trazia para casa). Eu já tinha doze anos, o Marc tinha oito, e andava noutra escola. A Carole ainda viveu em Portugal, com o marido, Embaixador de França aqui em Lisboa. Almoçámos várias vezes - ela aborrecia-se com o foleirismo do nosso país, queria voltar para Paris, onde percebi que tinha uma paixão, um pintor com quem acabou por viver quando o marido morreu (infelizmente aqui, em Lisboa).

E a minha mãe, em Lisboa, embora tivesse amigos judeus, nunca se deu com a colónia judaica de Lisboa. Demasiado estritos, praticantes ortodoxos, não eram para ela, que em Paris tinha vivido tão livre de tudo, e da religião formal também. As razões, num e noutro caso, eram óbvias: gente politizada, de cultura assumidamente laica para não dizer mesmo militantemente anti-religiosa – estes irmãos não se dariam bem com a visão algo pequeno-burguesa das colónias fechadas sobre si mesmas. Nos anos de Paris (para onde Guenia tinha ido em 1933) o grupo de amigos que os irmãos frequentavam incluía foto-jornalistas do grupo Magnum, entre eles o célebre Robert Capa, pintores como Fernand Léger, com quem Guenia chegou a trabalhar, poetas, como Jacques Prévert (Guenia foi a primeira a editar os seus livros de poemas em 1946), cineastas como o seu irmão Pierre Prévert, ou o designer Paul Grimault, para citar só alguns. Desconfio que já me estou a repetir, mas não faz mal.

Assim como na Polónia Guenia fundara com a irmã, minha mãe, um grupo de teatro (o teatro do Diabo Negro) em Paris veio a fundar o teatro de noite La Fontaine des Quatre Saisons, com o Pierre Prévert. Por aí passaram nos anos 50-60 alguns dos maiores nomes das artes de palco: Boris Vian, Jean-Louis Barrault, Maurice Béjart, Yves Montand, Germaine Montero, Joseph Kosma, entre outros (desses outros vim eu a conhecer vários, tendo ficado em Paris com a Guenia em 1953 durante quase um ano).

A primeira grande ilustradora das Paroles de Prévert foi Elsa Henriquez, com uma Lanterne Magique projectada num dos espectáculos mais poéticos dessas noites. A Fontaine passou depois a galeria de arte, e o bom gosto das escolhas continuou, com grandes nomes da pintura de então: Asger Jorn, fundador do grupo Cobra, era um deles. Tive o gosto de o conhecer pessoalmente, bem como a Henri Michaux, cujas obras começavam a ser lidas com sucesso, ao mesmo tempo que as suas pinturas eram expostas e apreciadas pela crítica da época.

Num pequeno livro sobre as mulheres influentes de Paris encontramos o nome de Guenia Richez (julgo que o título era Les Femmes de Paris, mas não garanto, li-o em casa da Guenia). Os irmãos separaram-se quando Léon partiu para a Guerra civil de Espanha e a minha mãe veio para Lisboa, em 1939. Guenia ficou com o marido, Paul Richez, em Paris. Um capítulo interessante, ainda que um pouco chauvinista, é dedicado a Guenia (citando parte da sua biografia) e Paul Richez na seguinte obra: Yves Courrière, Jacques Prévert, ed. Gallimard, 2000. Comprei o livro para os meus filhos saberem a sua linhagem, que é feita de grande cultura, literária e artística, e que espero tenha permanecido nos genes...

Acordo cedo demais, tomo café, espero pela Júlia, que

traz os jornais, leio o Público, que está cada vez menos interessante, não sei por que razão continuo a comprar, abro a televisão, espreito os canais fazendo zappings vários, da Bloomberg, passando pela TVE, pela France News, Aljazeera, Sky, até à CNN e muitas vezes volto para a cama ouvir as manhãs da TSF. Por aqui passa a voz do povo: ora sensato ora ignaro, iletrado, mas com pesporrência de bem falante. Alguns comentadores comentam de facto, outros limitam-se a preencher o tempo que justifica o cachet.

Enfim, um desastre.

8 de Junho

Fomos soprar as velas dos anos do Bernardo, da Mariana e do João. Entre crianças e adultos, matámos saudades. Hoje, domingo, hesito em ir buscar um livro para ler. Talvez a Jóia de Família, da Agustina Bessa Luís, que está ali na estante e nunca li. Não escrevo, não tenho escrito, e faz-me falta ler. Tão próxima do prazer da palavra e ao mesmo tempo tão longe, quando não escrevo.

B. fará 82 anos, em 27 de Junho, e em Setembro faremos 50 anos de casados. Não dei por isso, por esse tempo que passou. Um tempo agora mais denso, mais condensado. Mês de Junho em Lisboa: as festas populares, os écrans gigantes no alto do Parque para o mundial de futebol, a feira do livro e a agitação intelectual do costume... Correu mal à selecção o jogo com a Alemanha. Mas se tudo corre mal ao país, neste momento, por que havia de ser diferente? Acordei de madrugada com os primeiros versos de um poema que evoca os velhos, o triste envelhecer a que tenho assistido.

Hesitei, mas pus no blog e vou deixar aqui.

Tomou conta de mim esta melancolia do sofrimento dos

outros.
O calor excessivo não me ajuda.

Memórias (para o João e a Teresa)

Ele
Devagar enlouquecia
bem longe do seu jardim.

Ia ao café da vila
beber um copo de tinto
com os amigos de outrora:
amigos da velha guarda
junto com ele bebiam
e pouco mais se passava
até ele voltar para casa

Fosse de dia ou de noite
deixara de ver o rio,
águas limpas que corriam
e apenas o assustavam:
ao longe os jacarandás
uma luz de azul na margem
do outro lado de lá

Devagar enlouquecia:
o tempo não o sentia
um nada que se escoava...

Ela
Vestiam-na para sair:
saía,
mas não sabia.

18 de Junho

Um enredo?
Um fio, pequeno que seja, que torne esta prosa mais interessante?
Foi numa entrevista, na SIC, que o João Lobo Antunes, médico neuro-cirurgião, se referiu ao que sente um doente quando lhe comunicam a gravidade da doença que tem. Falava por experiência própria, daí talvez o sentido comovente do que dizia: é um sofrimento tão íntimo, uma dôr tão profunda, carregando tanta solidão... difícil de comunicar, ainda menos de explicar. Só o doente sabe.

21 de Junho

Solstício de Verão, gente a celebrar o dia mais comprido.

27 de Junho

Hoje sim, B. festeja, em casa, recuperando de tanta operação, os seus 82 anos! Em casa é como quem diz: foi sempre por fora: na rádio, entrevistado por causa do Just in Time, o disco dos fundadores com a Paula Oliveira e jovens convidados; almoço com Benny Golson, a lenda viva do jazz, a convite do Filipe Melo e do Bruno Santos; à noite concerto maravilhoso no Tivoli, onde Filipe agradece em público, tudo o que B. fez pelo jazz. Ele também é um histórico, a plateia aplaudiu, alguns em pé. Muito comovente. E os filhos no palco a tocar com Benny, o Pedro a dirigir a orquestra de sopros com a sobriedade elegante que só ele tem, o João num flugel que tem asas de anjo na inspiração - muito belo e comovente a interpretar I Remember Clifford, que Benny Golson compôs quando soube da trágica morte de Clifford num acidente de automóvel, aos 25 anos. Lendas vivas numa história viva do Jazz, pela boca e pelo sax de Benny Golson, em noite inesquecível. Não podia ter havido melhor festa de anos.

O correr dos dias: Mundial de futebol, Volta a França.

Sou procurada por um poeta russo, que leu os meus poemas traduzidos para inglês pela Ana Hudson. E por um brasileiro que lê os meus blogs.

Andrei Sen Senkov, o médico e poeta, queixa-se de viver numa Rússia de ditadura... e diz-me, porque lhe falei da crise em Portugal e na Europa, numa tradução bing: "crisis better then dictature".

Ainda ri, muito bom.

E nova surpresa, mais uma, sou procurada por um jovem poeta brasileiro, que tem a paixão da obra de Herberto Helder, recebeu o último livro dele, publicado agora na Porto Editora, com um disco em que recita, ou diz, cinco dos seus poemas. Pede-me o jovem que o ajude pois deseja fazer um Mestrado sobre o nosso poeta. Irei responder, e talvez comece, devagar, para mim será uma boa distracção, a preparar um post sobre o imaginário ao mesmo tempo lírico e feroz do Herberto. Conheço-o desde o primeiro livro, nos anos sessenta ainda nos escrevíamos e encontrávamos para trocar as nossa criações, depois as vidas são como são cruzam e descruzam as pessoas, e talvez há quinze anos ou mais que não o vejo. Mas leio, e tenho notícias. Ele publica tudo o que escreve, eu não, mas não me esforço, não vou aos editores, não vou aos cafés, muito menos aos lançamentos, momentos de grandes hipocrisias em que logo na primeira ocasião se ouvem os cochichos do mal dizer... Voltando ao Herberto: sim farei um levantamento de imagens, verei e direi de como ao longo dos anos foram evoluindo, ou mesmo empobrecendo, com a obsessão de um corpo diminuído. Isto já se via um pouco no penúltimo livro, A Faca não corta o Fogo, ainda assim muito belo. Veremos, depois como é, porque ainda não o li, A Morte sem Mestre.

O Bernardo veio jantar, com as miúdas.

Faz anos no dia 23 de Julho - está quase - 49 anos!

Ainda o Herberto Helder: nasceu em 1930, caminha para os seus 85 anos como eu caminho para os 75... o que será mais difícil?

20 de Julho

Mais uma almofada na cadeira, um dicionário Michaelis sob os pés, letra grande no Word, comprimidos que já tomei (não devia, mas tomei) para as dores que uma hérnia discal me causa todo o tempo, e eis-me aqui. Para dizer o quê? Outra vez que me doem as costas ? Mas quando é que vou parar com as lamentações? Não tarda estou pior do que Job, e ele tinha razões que eu não tenho, este não é nem será o Livro de Job.

Vamos então ao que eu queria dizer, em vez de ir para o blog de literatura.

Que me desagrada, mesmo nos autores ou autoras de quem gosto, que tenham caído na grosseria fácil, e no Facebook se expliquem dizendo que se são factos da vida, ou dos comportamentos, não há razão para que não os descrevam com um vocabulário coloquial, e mesmo até grosseiro. Grosseria é libertação?

Doc. na televisão:

Está visto, deixou de haver privacidade, de uma vez para

sempre. Não vale a pena este ou aquele queixar-se de que é espiado, porque tudo e todos são espiados, talvez ao acaso, mas sistematicamente. Com o gmail, o google+, o facebook - tudo numa teia universal e aberta, já não há hipótese de se fingir que não se está, por exemplo em casa, porque a luzinha verde põe a descoberto a mentira. Habituem-se, como dizia o outro... O que incomoda é sermos invadidos de repente por este ou aquele que quer "falar" connosco, por publicidade não pedida, ou imagens que nada têm a ver com escolhas nossas. Podemos sempre apagar, mas o incómodo da "invasão" verificou-se. Os defensores do progresso dizem que é progresso. Não acho, para mim é progresso a mais, e tudo o que é demais é retrocesso!

22 de Julho

A lua imensa, que já ontem no céu brilhava com um esplendôr de luz azul à sua volta. Os Fb de toda a gente falam da lua , da noite que aí vem, colocam a imagem radiosa. Penso, tanta grandiosidade no céu e tanta mortandade na terra.

Os velhos sábios da Assíria, os velhos sábios do Egipto, ou da China, os velhos índios Maia - todos nos fazem falta, todos deviam andar por aí, mesmo invisíveis, com os seus presságios, os avisos.

O sétimo selo está a ser quebrado, a Europa julga-se a salvo, mas tem a alma perdida, como os outros. Rodeiam-me as sombras, ainda que suavemente:

Hoje acordo de um sonho em que estou com o meu pai e a minha mãe, à mesa, numa espécie de fim de refeição. Um quadro tranquilo, sem mais, que ao acordar me deixa de novo inquieta, são imagens que permanecem e por isso terão algum sentido, mas eu não adivinho. Antes sabia que trabalhar era a maior ajuda. Trabalhava dia e noite, pela madrugada fora... escrever era uma libertação. Agora não trabalho, e escrever quase deixou de fazer sentido.

25 de Julho

Recebo do Brasil o livro de poesia de Leonardo Chioda, mais um jovem poeta, de linguagem recriada, inovadora, em que cada verso ou mesmo uma única palavra remete para imagens que pertencem a paisagens outras, desconhecidas, até ao momento em que ele ali, na página as oferece ao leitor. Chama-se Tempestardes.

Não me admira, ao visitar a sua página do Facebook, que se interessa pelo Tarot e faz a leitura das Cartas, no Café Tarot, seu espaço próprio e apropriado, tal e qual como nos versos. Viajou pela Europa, estudou em Itália a seguir aos estudos em São Paulo. Mantém-se activo nos encontros dedicados ao imaginário do simbolismo, das imagens e da tarologia.

Para já vou ler o livro, de que já gosto antecipadamente.

27 de Julho

Corre o mês, em breve será Agosto e vai decorrer como os outros, Lisboa mais vazia, eu a fugir do calor, se houver calor, saindo só à noite.

Em pouco tempo estes encontros literários estranhos com Andrei Sen-Senkov, Sveta Dorosheva, e agora Leonardo Chioda com os seus poemas de Tempestardes, em que a fusão das palavras, que reinventa, adquire novo sentido, sensual, sexual. Vem lá um outro livro, diz ele.

Vesti-me diferente, calças brancas, de Verão, blusa de

Verão, tudo finalmente de Verão, com o branco entrou-me o sol na alma! Ao jantar nada de cuidados com a linha: coca-cola, que raramente bebo, arroz doce... e boa conversa na esplanada do Valbom, com o Bernardo, que veio ter connosco.

Leio agora Machado de Assis, Dom Casmurro, ora com os óculos pequenos ora sem óculos, páginas encostadas ao nariz. É uma obra de génio, que devia ter lido outrora, quando via bem. Não ver tira-me o gosto e a paciência, não me concentro. Mas ele faz, nesta pequena obra de arte, capítulos pequenos, uma duas páginas no máximo, e isso ajuda-me. Páro e mais tarde recomeço, e penso que era assim mesmo que se devia escrever, pensando nos cansaços dos leitores como eu...

Entretanto o mundo despedaça-se, no Médio Oriente a guerra sem fim e a nova ameaça do Estado do Levante, em África o vírus de Ébola, no nosso país um desgoverno que envergonha todos. Últimas, no Facebook, o Papa Francisco diz em entrevista que irá morrer em breve, não terá mais do que dois ou três anos de vida, talvez se retire como fez Bento XVI.

Vou tirar uma carta do Tarot. Não servirá de nada, mas é distracção, afasta a melancolia.

Fim de Agosto. Hesito em continuar a escrever. Na verdade, uma vez revisto e limpo este texto, poderia evoluir para algo de parecido com notas para um futuro romance. Talvez, mas não me apetece. Escrita requentada, como a comida... Falta-me a vontade, a necessidade de o fazer. Sempre escrevi por necessidade, por pulsão interior. Agora não sinto que seja vital, que seja importante, antes de mais para mim, e depois, publicando, quem sabe se para algum outro. Não sinto nada. Até o tempo se concentra e me escapa. Li um livro do António Tabucchi, edição agradável, letra boa. A Gulbenkian prepara um colóquio, em sua memória. Ele seria o meu Nobel, se fosse vivo...

2 de Setembro

A foto de Agustina Bessa Luís colocada no Facebook faz prever que em breve morra. Adoeceu com Alzheimer há uns anos, foi devagar saindo do mundo e de si mesma, passeava, dizia-me uma amiga comum no jardim japonês da sua casa, era levada sem que desse por isso, passo a passo. Penso na minha cunhada Lota, com a mesma doença, e no sofrimento do meu sobrinho Miguel que se ocupa dela com um carinho raro, mesmo entre filhos... Que destino pesado lhe caiu em cima. Admiro a sua força interior, lamento não poder ajudar em nada. Recordo o passado, na quinta de Payres, onde a Lota recebia a família inteira, num tempo em que todos éramos novos, saudáveis, felizes. Como dizia Pessoa, ninguém tinha morrido... Até nas fotografias e nos filminhos transparece a doçura da paisagem, um Ribatejo verde, as montanhas, como diziam as crianças ainda pequenas, a alegria do "estar junto", o viver com as horas do dia, a chegada dos pastores, a comida dos cães... os banhos de mangueirada no Verão.

Um colega investigador da obra de Pessoa, de quem fez a edição crítica da obra ortónima e heterónima, e o levantamento dos livros da sua biblioteca pessoal, depositada na Casa Fernando Pessoa, escreveu-me pedindo autorização para incluir um poema meu, Restaurante, na antologia que está a organizar em castelhano. Ele é Prof. na Universidade de Bogotá, só nos conhecemos via "Pessoa" e das trocas de e-mail. Eu perguntei a razão de escolher um poema já tão antigo, anos 80, de livro esgotado, em vez de algo mais actual. E ele pediu-me então uma escolha entre cinco que fossem os meus preferidos. Respondi que não tinha, de repente preferidos, e a resposta era sincera. Jerónimo, é esse o seu nome, responde então exclamando (e eu imaginei logo, no seu rosto jovem, tem a idade dos meus filhos, a expressão de espanto): não me diga que não há algum poema, alguns, que lhe tenham ficado colados à pele de modo mais especial?

E eu: a verdade é que na altura em que escrevo tudo me fica colado à pele. Mas logo a seguir esqueço, e nem sequer poderia dizer algum de cor, se me pedissem. Cada novo poema que escrevo é esse o que me prende, até acabar de o escrever. Depois sigo em frente, a vida leva-me, o que está feito está feito, se publico está publicado, e não me toca mais. Será da idade? Não, acho que fui sempre assim, ligada enquanto me envolvo e desligada a seguir. Talvez para poder continuar, se ficasse presa não continuaria... Mas a pergunta de Jerónimo, tão surpreendido, bateu-me de frente e tenho pensado nela. Escrevi, ao longo dos tempos, poemas que foram de amor. Intensos, embora discretos, feitos mais de silêncio do que de um dizer excessivo. Mas seriam esses os escolhidos para uma antologia? Não tenho para já, resposta. E não me ficaram colados à pele, como as paixões, por muito intensas que fossem, também não ficaram. A paixão, quanto mais intensa mais depressa se esgota... Vivida na altura, como o poema que se escreveu na altura, passa, porque tudo passa, e quanto mais tempo se vive - e eis-me com mais de 70 anos... mais se tem a noção do efémero do ser, na existência temporal. O que fica, na poesia, ficará, se ficar, para que outros leiam e revivam o que foi vivido e já quase esquecido. Os novos leitores poderão encontrar as novas (para eles) emoções, que farão suas. Ou não, e também pouco importa. Ao longo dos anos, e especialmente nestes últimos em que vivo muito retirada, é gente do mundo que vem ter comigo: leu os blogs, ou leu os livros, e procura-me. Pede ajuda, que dou, sempre que posso. Neste Agosto, em que a minha escrita tem sido melancólica, um poeta russo traduziu poemas meus, lidos em inglês, e agora este amigo colombiano quer-me na sua antologia. Estou em muitas antologias, portuguesas, catalãs, húngaras, russas, e traduzida em francês, alemão, castelhano de novo (uma edição de Granada).

Não sou eu que vou ao encontro, é quem me procura, por alguma razão, que me encontra. E eu respondo sempre, sempre autorizo e sempre me admiro, pois não ando na roda da moda. São os livros, eles andam por aí, mesmo que eu não saiba como. Voltando à pergunta de Jerónimo:

Um poema é como um ser vivo. Se eu fosse deixar que os poemas-seres vivos me ficassem colados à pele nem me conseguiria mexer hoje em dia.

Mesmo assim já me mexo com dificuldade... mas não lhe vou responder, até ter uma resposta (um poema) que seja melhor.

Não me lembro se incluí nestes Sintomas o meu sonho, que ampliei e foi publicado na revista do CEIL. Gostava de o recuperar, foi tão intenso e tão significativo naquela altura. Os sonhos, mais do que os poemas.

A Gema de Ovo - o ovo alquímico.

Hora de almoço, todos à mesa, a minha mãe (a sua Sombra) também está connosco. A refeição é de ovos, e de repente a minha mãe parte um ovo e deita para o meu copo de água uma gema que fica lá dentro a boiar, amarela, inteira.

Acordo.

Sei, ou julgo saber, que esta imagem de uma gema de ovo se prende com o próprio simbolismo do ovo: um nascimento, um princípio. O imaginário alquímico está repleto destas imagens, das mais antigas às mais recentes.

Contudo falta-me alguma coisa nesta explicação. E procuro, tenho procurado, ao longo destes dias. Não paro de pensar. Irei talvez reler Jung, era o meu Mestre, outrora. Há muito que não o leio. Se soubesse desenhava: a gema de um ovo fresco, inteira, amarela, boiando no copo de água. Mas julgo que são importantes outros factores do sonho: o estarmos em família à mesa; a minha mãe (que já morreu há anos) aparecer ali sentada connosco; e o ser ela a despejar o ovo para o meu copo. Que associação fazer: morte e vida?

Um renascimento espiritual? (Seria o meu, que estou com uma depressão que não passa e não confesso?).

Num sonho a imagem simbólica é fulcral: diz qualquer coisa, avisa, alerta ou confirma. E neste caso o que será?

Associações:

vida, origem da vida

alimento

nascimento e renascimento

regeneração

Recordo que o copo de água era um copo alto, tubular: tubo de ensaio? Então fortalece a imagem da vida. Se fôr buscar o imaginário alquímico: a Pedra filosofal, no início da busca. O ovo é o ovo primordial; nele tudo está contido, o princípio e o fim, o bem e o mal, a luz e as trevas, a matéria e o espírito, cada coisa e o seu contrário, no jogo infinito dos opostos. Também a vida e a morte: pois esse ovo ali aberto à mesa, se não fôr comido será deitado fora. No sonho fico a olhar, espantada. Podemos, com os alquimistas e místicos mais célebres, considerar as imagens e símbolos do OVO CÓSMICO. Um ovo fechado é a imagem de um universo contido em si mesmo, ainda não desdobrado em acto de criação, múltipla e diversificada nas suas várias esferas até à material, que conhecemos. Mas neste caso do sonho o ovo foi aberto, o que ali está é a gema, a imagem mesma da vida, um sinal importante com que o sonho nos deixa.

Do ovo cósmico há imagens belíssimas: recordo que John Dee (1527-1608) astrónomo e matemático da Côrte de Isabel I de Inglaterra, usava o ovo como imagem do céu etéreo, contendo na sua forma circular os planetas; e Paracelso, que foi seu inspirador, escrevia que "o céu é uma concha que separa um do outro o mundo e o céu de Deus, tal como a casca de um ovo: 'a gema representa a esfera inferior, a clara a superior; a gema a terra e a água, a clara o ar e o fogo'." (John Dee, Monas Hieroglyphica,1564). Encontraremos em William Blake, séculos mais tarde, uma representação semelhante do ovo cósmico: do rodopiante centro negro do caos surge o mundo, em forma de ovo, originando o espaço ilusório tridimensional delimitado por duas fronteiras, a da opacidade (Satan) e a da materialidade (Adão) – que nos impedem a visão da eternidade e do infinito das coisas. É contudo em Hildegarda de Bingen, freira do século XII, erudita não apenas em matérias religiosas mas em todas as pertencentes ao domínio da Ciência, astronomia, mineralogia, alquimia, etc. que podemos encontrar descrições que ainda hoje surpreendem, pela sua beleza e capacidade de significar, ou simbolizar:

"Foi então que vi um objecto enorme, redondo e sombrio. Como um ovo, era aguçado no alto. No exterior, à sua volta, uma camada de fogo (o céu). Sob esta camada, uma pele escura. Suspensa na camada de fogo brilhante uma bola avermelhada, flamejante. (o sol) in Scivias, Rupertsberg Codex."

Não irei de momento às descrições antigas dos Egípcios, ou de outras civilizações anteriores às do mundo ocidental, em que as imagens do ovo cósmico eram o suporte das narrativas ou dos mitos fundadores dessas civilizações. Interessa-me aqui desvendar o simbolismo do ovo primordial, e no caso do sonho, o da gema que flutua num copo de água mais parecido com um tubo laboratorial. É em Michael Maier, médico e alquimista do século XVII, protegido da Côrte de Rudolfo II, em Praga, que encontraremos um conjunto de obras sábias de que beneficiou também Robert Fludd, hermetista inglês que ali conviveu com ele. A obra mais interessante é a ATALANTA FUGIENS, Atalanta Fugitiva, que Étienne Perrot, psicólogo junguiano, traduziu para francês, ajudando à sua divulgação. Obra poética, musical e mística, oferece nos "Discursos" e nos "Emblemas e "Epigramas" uma súmula de todo o saber alquímico. Perrot usava-a como uma espécie de Bíblia, e é nela que também eu vou encontrar este símbolo do ovo como Pedra Filosofal que o adepto, no seu laboratório, junto à sua lareira, tem de abrir com um golpe certeiro da espada que levanta na mão (Emblema VIII). Antes de analisar com mais cuidado o que Maier nos diz, chamo a atenção para um ponto que me parece de extrema importância e de que me apercebi entretanto: nas visões dos místicos, medievais ou mais recentes (como Blake) o simbolismo da imagem remete para o mistério do universo, antes ou após a criação; ou para o mistério da divindade criadora que através do universo se manifesta. Mas nas visões dos alquimistas é do mundo criado que se trata, é desta Terra, também ela misteriosa, com os seus elementos, os seus princípios, os seus opostos, e bem no centro da terra é do Homem que se trata, não do universo, mas do homem que, sendo embora parte integrante dele, diante dele se espanta e tenta compreender: mais a si mesmo e ao mundo, ou no mundo, do que a Deus. Julgo que é desta verdade profunda (escondida) que resulta o carácter esotérico da busca alquímica (os adeptos diziam-se filósofos herméticos) e sobretudo a natural desconfiança que sempre a Igreja manifestou em relação a estas práticas. A gravura de Michael Maier é um excelente exemplo: num espaço que é de casa (pode ser castelo, seria natural) junto a uma lareira onde arde uma bela chama, um homem ergue uma espada (descrita como glaivo flamejante) e é incitado a quebrar o ovo desse modo.

Tudo aqui é terreal, e não divinal, como nos místicos. O Discurso, de que já falarei, desenvolve então o lógico: que pássaro nascerá desse ovo. Saberemos que é o pássaro da vida – outra figura simbólica, anunciando uma sublimação que se aguarda e deseja: no caso da psique humana a integração da sombra do inconsciente; no caso do "jogo" alquímico a integração dos elementos que permitirá a obtenção da Pedra filosofal (da qual já sabemos que é apenas uma outra palavra para aludir ao ser humano completo, realizado). Foi um grande erudito, o médico e psicanalista Carl Gustav Jung - que durante anos se isolou para estudar os manuscritos e documentos de maior interesse das artes alquímicas - o primeiro a chamar a atenção da importância dos Símbolos, tal como os descobria na alquimia, para o estudo da alma, da psique humana.

O símbolo era a voz do inconsciente a fazer-se ouvir, a dar-se a conhecer. E nos tratados de alquimia essa linguagem era quase explícita, era a ponte que faltava, da consciência para o mundo arquetípico do inconsciente. Analisando ao longo de anos e anos os sonhos dos seus pacientes verificava semelhanças esclarecedoras, que os ajudavam a ambos, médico e doente. O inconsciente tinha uma linguagem própria, ora mais luminosa ora menos: símbolos e arquétipos que se manifestavam em visões ou em sonhos. Mas em tudo haveria um sentido, adequado ao momento, à circunstância. Maier no Discurso VIII, que acompanha a gravura escreve:

" No ovo as sementes do macho e da fêmea estão juntas sob uma mesma casca. A gema produz o pinto, a raiz dos seus membros e das suas vísceras, graças à semente do macho, formadora e operante, que se encontra no interior. A clara fornece a matéria, isto é a trama e o meio de crescer, no esquema ou cadeia do pinto". Na verdade é já da vida dentro do ovo, é deste pinto que poderá crescer, reproduzir-se, originar outras formas, que Maier deseja falar. Ovo alquímico: forma integrada de vida. Ainda hoje é venerado em Burgos o Santo Cristo, escultura de madeira do século XIV, diante do qual rezaram Isabel a Católica, o Rei seu bisneto Filipe II, Santa Teresa de Jesus, São João da Cruz entre muitos outros; a curiosidade maior é que tem a seus pés cinco ovos de avestruz (também em madeira) evocando os que terão sido oferecidos por um comerciante vindo de África. Cinco ovos, como oferenda, e que ainda hoje ali permanecem, aos pés de uma das imagens de Cristo mais conhecidas. Foi feita em madeira de castanho, coberta de pele de animal, sugerindo ao tacto a pele humana; tem rasgões de inúmeras feridas e é articulada, como ao tempo era usual, tornando a imagem mais viva e realista; o cabelo e as unhas são verdadeiros e reza a lenda que crescem todo o tempo. Quanto aos cinco ovos ali depositados: Uma alusão ao Quinto Império, aquele em que a fraternidade seria universal e a abundância uma verdade paradisíaca incontestável, como proclamara Joaquim de Flora nos seus escritos e visões? São muitas as lendas que correm sobre este Cristo (e o mistério dos ovos, com todo o simbolismo que encerram, contribuem certamente para tal). Recuperando outras imagens, igualmente fascinantes, do simbolismo do ovo como emblema de vida ou, noutros casos, como frágil invólucro de decomposição, é forçoso evocar aqui a obra de um Bosch (c. 1450-1516) ou de um Magritte (1898-1967) já próximo de nós e de um imaginário que nos é mais fácil de entender, pois sabemos, do Surrealismo, tudo ou quase, do que nos propõe como associação-livre de imagens. No caso de Bosch deparamos com um Bestiário em que a desordem dos membros e dos elementos que se justapõem numa antinatural narrativa (que temos de desconstruir), causam a perturbação de um natural terror: imagens de um universo que decaiu e perdeu forma e ordem, a harmonia outrora existente no Paraíso. Quer se trate das Tentações da Santo Antão, quer do Jardim das Delícias, as obras mais conhecidas, o que se vê e pressente, para além da abundância das imagens e suas deformidades, é a marca do excesso, de um negro pensamento sobre o Humano e seu destino caótico. Bosch crê no que expõe, algo que se exprime ainda com mais virulência no quadro do Juízo Final. A sua pintura é religiosa, produto de um contexto ainda medieval em que a figuração do monstruoso cumpria uma missão que podemos dizer "pedagógica": o temor de um Além desconhecido era maior do que a alegria de vir a conhecê-lo, ainda que liberto de Pecado... o Pecado era parte da condição humana, a sua mancha perpétua, e a prova disso era tudo o que a imaginação do artista produzia. Na obra de Bosch (já noutros lugares me ocupei um pouco do seu imaginário alquímico) podemos "ler" no meio da confusão, correspondente ao CAOS ou à NIGREDO alusões, mas muito discretas, à Transformação que a Obra alquímica procura. Num enorme corpo-casca de ovo partida, de onde emergem cabeças e membros como patas, podemos adivinhar que ali se deu um parto-cósmico e que a criatura que nasceu, como duma esfera superior materializada, a alguma sublimação dará lugar: e de facto, em esferas transparentes, formas andróginas surgem, mais longe, delicadas, mas ainda tão frágeis que mal se sustentam no espaço imaginário desenhado. Aqui o simbolismo do ovo, a existir, aponta apenas para a materialidade de um mundo em decomposição e de que parece não ser possível fugir, a não ser com mais sofrimento ainda. Bosch tem um olhar implacável. O cosmos primordial originou uma multiplicação de formas luxuriantes que foram degenerando e de que até a forma humana é um exemplo lascivo e cruel. Diferente, por todas as razões, é o caso de Magritte: tal como Bosch, este pintor deu largas a um imaginário de fusão (mas nunca de confusão) obrigando a que se discutisse o conceito de imagem/representação. O real que se apresenta e se representa na obra, pictórica ou verbal, afinal o que é? Ao contemplarmos o conjunto da obra deste pintor, ao longo dos anos, vemos como da primeira sedução do cubismo, da côr intensa e pura de um fauvismo expressionista, passando pelo traço afinado da experiência publicitária, finalmente escolheu o seu terreno: o do surrealismo libertário, ou quase. Magritte não gostava que o apelidassem de surrealista. Já me ocupei de alguns aspectos do seu imaginário noutros lugares. Mas é certo que vemos, na sua "representação", a associação livre de objectos/imagens, narrativas que aludem a processos oníricos (como os associados a Alice no País das Maravilhas) formas que surgem da leitura de poemas (o caso de Baudelaire) reagindo com uma ou outra construção imprevisível: e também o imprevisível é matéria do sonho. Falemos pois com Breton, pai fundador do Surrealismo em França, do sono e do sonho, como portais de um mundo outro, um mundo além, na sua existência consistente. Não me esqueço que tudo começou com o sonho que tive, com ovos à mesa, e com a gema que é deslizada para dentro do meu copo de água; uma gema que fica inteira, não se desfaz, sendo que é nessa altura que acordo. Outro elemento que não esqueço é que é a Sombra da minha mãe que está connosco à mesa, e me dá esse ovo. Procuro em

Magritte agora, por ser um dos meus pintores preferidos, o sentido alquímico, de transformação, ou de sublimação, que possa ter essa imagem, essa representação onírica do ovo. Num quadro de 1930, A CHAVE DOS SONHOS, Magritte expõe, como é frequente e a seu gosto, um conjunto de imagens, entre elas um ovo. Em seis quadrados pinta um ovo, ao alto, do lado esquerdo e no seguinte um sapato; em baixo, do lado esquerdo um chapéu e no seguinte uma vela; por fim em baixo, do lado esquerdo um copo de água e no seguinte um martelo. E como é seu costume, legendas por baixo de alguns dos objectos que nada têm a ver com eles: sob o ovo "a Acácia"; sob o sapato, "a Lua"; sob o chapéu, "a Neve"; sob a vela "o Tecto"; sob o copo, "a Tempestade"; e sob o martelo, "o Deserto"; o título geral, é, como disse, A Chave dos Sonhos.

Há associação entre ovo e acácia: pois nas árvores há ninhos de pássaros com ovos; ou sob o copo a tempestade (uma tempestade num copo de água... provérbio popular conhecido). Mas não é forçoso que exista.

Contudo veremos noutro quadro de época próxima, pintado em 1936, Autoretrato com título português traduzido como PERSPICÁCIA, de que discordo, pois no original é LA CLAIRVOYANCE (A Clarividência) uma associação bem mais explícita: olhando para um ovo colocado numa mesa ao pé de si, o pintor pinta na tela um pássaro. Podia tratar-se de uma gravura de Maier, o alquimista que já referi... pois o natural destino de um ovo saudável é que dele nasça um pássaro... se é o pássaro da perfeição dos alquimistas, não saberemos, mas está expressa a metáfora, e isso é o que importa. Da representação que parecia displicente nasceu um conceito ordenado. Para mim, nesta busca do sentido de um sonho, de uma chave que o abra e o torne mais claro (daí o interesse e a pertinência do título A Clarividência) o encontro com mais um quadro onde a imagem do ovo permanece foi muito interessante:

Datado de 1939 - continuamos, repare-se, na década de 30, tão marcante para os surrealistas - o seu título é A ESCADA DE FOGO. E agora sim, se tornou claro o simbolismo da transmutação alquímica, da sublimação da terra pelo fogo, elemento primordial em todo o processo de criação. No quadro, ardendo sobre uma mesa, estão uns papéis, um ovo, uma chave; as chamas brotam dessas imagens, em pequenas labaredas. O fogo é a escada, isto é, o fogo é o elemento que espiritualiza, que eleva, que sublima. Haverá aqui uma reminiscência da Escada de Jacob, onde ele luta com o Anjo? Há em todo o caso uma alusão directa à chave de um segredo, e esse segredo é o fogo que o contém. Aliás veremos o elemento fogo aparecer como fulcral em muitos outros quadros, por exemplo o óleo de 1934/35 A DESCOBERTA DO FOGO, representando uma tuba a arder em chamas. Associação imediata: o Sopro criador é um Verbo de Fogo, e quando o Verbo "se fez carne" assim se formou o ovo, a primeira das formas da natureza material, semente de todo o futuro "crescimento", já no mundo criado. Vale a pena citar um comentário que Magritte fez a um amigo, Paul Waldo Schwarz, em conversa de 1967, a propósito da aliança entre Mistério e Poesia:

"O mistério existe porque a mensagem poética possui uma realidade. Visto que o pensamento inspirado imagina uma ordem que une as imagens do visível, a imagem poética possui a mesma espécie de realidade que a do universo. Porquê? Porque responde ao nosso interesse natural pelo desconhecido. Quando pensamos "universo" é no desconhecido que pensamos – a sua realidade é desconhecida para nós. Eu crio principalmente o desconhecido com coisas conhecidas" (Jacques Meuris, Magritte, ed. Taschen, p. 112).

Assim surgem, dispersas pelas suas pinturas, matérias do banal quotidiano ligadas a outras, de forma imprevisível, deixando no ar interrogações e perplexidades – nunca respostas – pois como o ovo aprisionado em AS AFINIDADES ELECTIVAS, de 1933, imagem enorme fechada numa gaiola da qual não se prevê que possa voar um pássaro – o Universo continua, para nós, igualmente fechado e encerrando muitas e distantes surpresas. Ambos os universos: o exterior, que os astrofísicos perscrutam, e o interior, que se abre aos artistas e aos psicanalistas (mas nem sempre). Outro dos aspectos a não descurar, na pintura, ou no exercício de criação de Magritte é a escolha dos títulos e das legendas com que acrescenta o mistério dos quadros. Ainda que por vezes, como ele diz, sejam escolhas aleatórias, têm frequentemente um suporte literário, numa associação que só pode acontecer porque estamos perante um homem de grande cultura e muito lido. Assim, estas Afinidades Electivas apontam para o célebre romance de Goethe, com o mesmo título: a sua estrutura é simbólica, alquímica, no respeitante à paixão-fusão dos dois pares em confronto. O jogo proposto no quadro é que o ovo preso na gaiola pede um vôo, pede as asas de um pássaro, pede a libertação sublimadora, que os heróis de Goethe obtiveram. Haveria mais a dizer, neste sentido: já o fiz, a propósito de LA GÉANTE, e falarei adiante das associações com Alice no País das Maravilhas, ou Através do Espelho, de Lewis Carroll. A dimensão simbólica da arte (na poética da palavra ou da pintura, ou em qualquer delas no sonho) é a ponte que liga o conhecido do real ao desconhecido surpreendente e que se torna ainda mais real do que o já conhecido. Daí que as imagens simbólicas, os arquétipos (imagens do colectivo, como as designou Jung) assumam tanta importância, desde tempos imemoriais.

Carl Gustav Jung (1875-1961) discípulo de Freud, pai fundador da psicanálise, levou mais longe que o Mestre as considerações sobre os significados simbólicos de antigos mitos e lendas, permitindo que se abrissem ao entendimento e cura eventual das psicoses que tratavam nos seus pacientes. Definiu o conceito de arquétipo para as manifestações, nos sonhos, de conteúdos cujas semelhanças com matérias primordiais eram evidentes, ainda que paradoxais; e chegou, por meio dessa definição, a outra, de inconsciente "colectivo", espécie de armazém e memória da espécie humana e não apenas do indivíduo (em cujo inconsciente Freud via somente manifestações da repressão sexual de dado momento, sobretudo da infância, como tempo-espaço mais distante). Ora o que Jung fez , ao estudar a História da Ideias Religiosas da Humanidade, seus mitos fundadores, foi alargar o campo da possível análise dos sonhos e seus significados simbólicos. Para que o indivíduo, ao situar-se também noutro contexto, mais antigo, caminhasse melhor na sua busca de si mesmo, na progressão e cura do seu problema, se de tal se tratasse.

Jung não descurou a alquimia, desde os Escritos mais antigos, da Alexandria dos sécs. II-III (refiro-me a Zosimo, entre outros) até aos Tratados medievais, árabes e latinos que inspiraram os autores mais conhecidos da Europa dos sécs. XV-XVI em diante. Encontrou, a propósito da busca incessante da Pedra Filosofal, ou do Ouro que a figurava, (ou mesmo do Graal, vaso sagrado de abundância, como a Pedra) sempre a mesma estrutura, assente em 3 princípios, Enxofre, Mercúrio e Sal, 4 elementos, Água, Fogo, Terra e Ar, e um idêntico propósito: a sublimação da matéria imperfeita em perfeição espiritual. Não descurou, para lá da real experimentação química, laboratorial descrita, a dimensão mística sempre presente; (referi-me a estes aspectos num estudo de outrora, sobre a Alquimia como Misticismo Secular, em Literatura e Alquimia, ed. Presença, 1987). Em Jung, em obras como METAMORPHOSES DE L'ÂME ET SES SYMBOLES (na tradução francesa, 1973) encontraremos um verdadeiro guia para as nossas lucubrações, e também, neste caso, para o simbolismo do ovo como figuração primordial. Uma das imagens mais significativas que Jung escolhe para exemplificar o seu pensamento é retirada de N. Mueller, Glauben, Wissen und Kunst der alten Hindus (Religião Ciência e Arte dos Antigos Hindus, 1822, fig.21). Vemos neste exemplo Prajâpati e o ovo universal. Do triplo Sopro da boca de Prajâpati emanam dois seres opostos, e um par colocado já na esfera que envolve o ovo cósmico. Na fractura do invólucro, casca quebrada, podem ver-se ainda a esfera e a roda que simbolizam a vida criada, o eterno retorno... por outras palavras "a multiplicidade do mundo" (Jung, p.630-631). Paradoxal, como tudo o que respeita aos símbolos, diz-se, no Livro Egípcio dos Mortos, que Prajâpati é "o ovo gerado por si próprio, o ovo do universo que ele mesmo chocou". O deus tem de encerrar-se em si mesmo, engravidar de si mesmo, para dar à luz o mundo da multiplicidade.

Na leitura que Jung faz deste arquétipo da criação eis o sucede: é preciso, por introversão, descer em si mesmo, transformar-se em algo de novo, a multiplicidade do mundo. Para o criador, e podemos agora falar do indivíduo, o acto da criação é sempre um momento de alienação de si mesmo. A introversão, o descer em si mesmo, afundar-se no mundo do inconsciente, é uma ascese; esta ascese é para os místicos a renovação espiritual, o renascimento a que aspiram. Mas há muito de semelhante entre o criador e o místico, no momento da criação-revelação – daí o imprevisto, o imprevisível de que Magritte, entre outros, falava. E para nós a surpresa que a obra de arte, ou um sonho, podem representar: uma iluminação. Trazendo à colação Lewis Carroll, cuja obra não cessa de nos interpelar, assombra e ilumina também ela (penso em Magritte e mais recentemente em Bob Wilson, por exemplo, que habita as mesmas esferas de sombra e luz) veja-se como Humpty Dumpty o Ovo que se humaniza, no capítulo VI de Alice Através do Espelho, nos remete para o mesmo problema que nos fez chegar até aqui: de que modo um ovo que começa por ser arquétipo de fundação primordial "ensina" a lição da vida: que do uno sai o múltiplo, que do pouco sai o muito, e que é sempre necessário "abrir" o mistério com que nos deparamos para seguir em frente com mais cautela, como faz Alice, com mais cuidado (mais sabedoria). A associação entre árvore, pássaro, ovo, é a natural, e assim nos surge em muitos textos e quadros e não vou insistir nela. Nesta divagação onírica de Alice o mesmo se passa:

"Por isso continuou, cada vez mais espantada, porque todas as coisas se transformavam numa árvore assim que ela chegava ao pé delas, e ficou à espera que o mesmo acontecesse ao ovo (cap. V). Contudo o ovo apenas ia aumentando de tamanho, adquirindo contornos humanos. Quando se aproximou a escassos metros dele, Alice viu que tinha olhos e boca e nariz; e ao chegar-se mesmo ao pé adivinhou logo que era Humpty Dumpty em pessoa" (cap. VI).

Sabemos que também a árvore pode adquirir, em contexto, uma determinada carga simbólica, como árvore do mundo, centro criador, basta evocar as Árvores do Éden, do Conhecimento e da Vida. Mas aqui interessa-nos ficar pela associação mais directa: árvore (ninho, pássaro), ovo; e um ovo que se humaniza, como convém ao facto de ser elemento criador, pulsão de vida ao mesmo tempo formadora e formada, como na mitologia egípcia. Alice está, de momento, ainda a desenvolver-se, pouco percebe do que vai sucedendo.

O imaginário subtil torna-se explícito em Magritte, com o conjunto de duas pinturas dos anos 40: A VOZ DO SANGUE (1948), representando uma árvore de tronco aberto, com uma casa iluminada em baixo e um ovo enorme em cima: na Árvore da Vida encontrar recolhimento (a casa) e alimento (o ovo). Para não falar do quadro de 1945 que se intitula mesmo ALICE NO PAÍS DAS MARAVILHAS e em que precisamente é duma árvore que surge uma parte de um rosto: olho fixando o horizonte, nariz enorme e, erguida no céu, uma pera verde com mãos que podiam estar a aplaudir…

Chegou o momento de voltar ao meu sonho e aos seus elementos mais significativos: a mesa, a refeição à mesa, com a Sombra da Mãe participando, sendo que o alimento são ovos; e de repente a imagem (o gesto) que me acorda: a gema de ovo despejada pela Mãe no meu copo de água; uma gema amarela, perfeita, de luz solar que não se desfaz. É preciso partir o ovo para que ele seja alimento. De um ovo (um coração) fechado nada pode sair. Mas penso também na gema: forma, redonda (de mandala); côr, dourada, luminosa, solar.

E outras associações ocorrem…

Fiz o copy-paste que o João me ensinou, para colocar aqui estas reflexões sobe o ovo alquímico do sonho. Foi fácil, e aqui deixo o sonho, a leitura ampliada, como na *amplificatio* dos alquimistas...

1 de Setembro

Calor imenso e ninho de vespas na varanda, dentro da persiana do meu escritório. Matança com Baygon, a ver se resulta!

Resulta, em parte. Varanda limpa. Amanhã há mais!

A Júlia, numa de ser muito mais esperta do que as vespas, decidiu aspirar o ninho, e está tão picada, que teve de ir à farmácia buscar de tudo para as picadelas, comichões, dores, alergias possíveis, etc... espertezas saloias, disse-lhe eu, enquanto lhe punha fenistil, e pachos de chá forte, frio, nos olhos!

Mandei-a deitar-se, e hoje não faz mais nada. Deviam vir as netas almoçar, desconvoquei, fica para amanhã, sem vespas.

10 de Setembro

50 anos de casados.

Podemos dizer que Boda divertida é boda para a vida?

Porque foi assim, simples e divertida...

15 de Setembro

A Martinha, do Pedro e da Nucha, fez 18 anos.

A emoção do seu nascimento, um mês depois do desgosto da morte da minha mãe, foi enorme. Um bebé lindo, que me trazia a vida, como os outros netos foram trazendo, mas num momento especial. Alegria imensa, não cabe nestes apontamentos aqui.

19 de Setembro

Faz anos a Mariana. A Teresinha veio almoçar, depois levei-a até ao Liceu.

O João toca à noite em Alfama, com o Zambujo. Fui de táxi ver na Galeria Abysmo a exposição dos desenhos da Mariana, dos Passos em Volta de Herberto Helder. Não fui ontem à inauguração, que teve muito sucesso, contaram-me hoje, salas cheias, muita conversa animada. Comprei um dos desenhos pequenos, a Árvore dos Cães. Ao olhar senti logo, aquela copa de árvore cheia de cabeças de cão a espreitar... uma árvore da alma, os cães da ansiedade que não dorme, espreitando os sonhos da noite, os pesadelos do dia... Ao sair foi como ver-me de longe, outra pessoa: passo aqui passo acolá, oscilando, dificuldade em ver o carro amável que me deixava atravessar a passadeira ou pensando, sem amabilidade nenhuma, velha maluca, que nem vê como se anda... Esperei por um táxi na paragem em frente à loja do Hermes. Montras em que não distingui nada do que expunham, e perdi a coragem de ir dar um beijinho à Conceição, que trabalha lá e de quem gosto tanto. Não ver diminui-me a tal ponto que acho que é isso que me faz titubear na rua, como se fosse cair. É verdade que estava muito calor e o calor incomoda-me. Mas tenho mesmo de marcar a operação aos olhos.

Escrevi um poeminha sobre o quadro da Mariana.

A Árvore dos Cães:
estão escondidos na copa
da árvore da alma
são cães de guarda

espreitam os sonhos
da noite calma

23 de Setembro

O que me empurra para aqui é estranho, porque na verdade que tenho eu mais a dizer que outros não tenham dito, e muito melhor? Fantasiar não me apetece.

Onde fiquei, nas memórias de infância? Lisboa, com a criada a namorar no jardim das Amoreiras, antes de viajarmos para a Argentina? Tavira, na casa da avó, o casarão enorme de tanta correria nos telhados, o passeio ao jardim, ou o Roxo, a herdade onde havia de tudo, e o mais divertido era de manhã cedo ir com a caseira ao leite, beber do balde ordenhado, o leite ainda morno, cheio de espuma leve? Talvez por isso ainda hoje detesto leite morno, enjoa-me e de preferência não bebo, bebo café. Era em Lagos, na casa do tio João e da tia Maria José que eu me divertia mais e sempre. Tavira era uma cidade fechada.

Hoje recordo a beleza dos telhados, a paisagem, ainda que muito estragada. Mas quando era criança, ou já mais velha, e querendo namoriscar, a cidade era um espaço vigiado, carregado de má língua, por onde não era bom ser visto.

A avó não saía nunca, tinha criadas e mulheres de recados. Com ela viviam os meus outros tios. Morreu em Lisboa, depois de uma queda que lhe fracturou a anca. Foi no Hospital Militar (o meu avô fora oficial do exército) que me deu para os meus dois primeiros filhos as moedas árabes de ouro, que me roubaram há uns anos atrás. Disse de brincadeira, são do Abencerragem...

25 de Setembro

B. tem feito paciências, para se entreter, à noite, a seguir ao jantar.

E eu, levada pelos blogs do Leonardo Chioda, mandei vir o Tarot de Marselha, que chegou neste instante. Tenho o de Oswald Wirth, e o de Robert Wang, junguiano, mas o de Marselha é o mais antigo, e verei como se lêem as imagens.

É só isso que faço, ler as imagens das 22 cartas supremas, os arcanos.

Para o Leonardo fiz de brincadeira um poema (a ver se consigo colocar aqui).

Milagre, consegui.

O Tarot do Mago Crowley
(a Leonardo Chioda)

Baralha as cartas,
corta
divide
escolhe:
sai a Sacerdotisa
com o seu fio
de luz

não é ponte
não é escada
não ilustra
não ajuda
não conduz

o Mago
ficou perdido
entre as cartas
baralhadas
postas ao lado
de parte
com o seu segredo
esquecido

tanta carta apaixonada..

Enquanto não almoço, vou abrir o baralho de Marselha.

Ao calhas, tiro uma carta. A Mariana esteve cá ontem e perguntou se eu estava a escrever. Respondi a verdade: um pouco. Mais poesia, quando algum verso, alguma ideia, me ocorre, do que prosa. Não falei deste diário, que não sei se chegará a ser. Penso de repente nas mortes tão diferentes do Léon, da Guenia, da minha mãe.

Do Léon: Tão despojado, tão entregue, e mesmo assim tão requintado na morte, o corpo embrulhado em mantas de cachemira, a cabeça apoiada em almofadas de penas, o corpo bem encostado ao forno do fogão. Ao lado um frasco vazio de comprimidos de valium. Teve consciência, a dormir, que assim morria? E na morte, como foi caminhando a sua alma, que espaços percorreu até chegar ao pai, de quem fugia, quando era mais novo? A Guenia não morreu em casa, morreu no lar onde estava internada com Alzheimer, essa terrível doença que agora parece assolar o nosso país, família, amigos... como um castigo. Quando fui vê-la já não dava acordo de si, olhos fixos na janela, ali estavam os telhados da Paris que tanto amara. O quarto era claro e límpido. Fiquei a conhecer o enfermeiro que a alimentava, na medida do possível, pegando-lhe ao colo, e com a ajuda de uma grossa seringa. Tem chocolate, para melhorar o sabor, mas não me parece que a sua tia viva muito mais tempo. Já foi embora, parece estar aqui, mas já não está. Agora surge nos sonhos, tranquila, avisando.

A minha neta Teresa a ver fotos do nosso casamento, onde eu estou elegante, de tão magra, e o Binau nem se fala. Lembro-me de algumas coisas desse dia, de manhã confusa, como seria de esperar. A tia Guenia e o tio Michel, que a Teresinha apontou na foto, não sabia quem eram, tinham chegado na véspera e estavam instalados no simpático Hotel do Restelo. Existirá ainda? Simples e cómodo 4 estrelas? Os meus pais já estavam prontos e aguardavam que a cabeleireira acabasse o meu penteado. Era fácil, era o que eu usava nos programas de televisão e ela sabia de cor. Simples e rápido, para enfiar a coroa do véu, e tirar uns retratos na sala. O vestido era de "alta costura" do atelier da Maria Luísa, muito conhecida em Lisboa, naquele tempo, e ao ver as fotos a Teresinha exclama, avó mas que linda!

1 de Outubro

Muda o mês, mudará o país?

Já outrora eu tinha percebido que os convites de aproximação eram envenenados, e nunca aceitei, embora sem ofender quem me tentava. Por já ter falecido posso dizer que um dos primeiros veio da Maçonaria, pela mão de uma grande amiga, comentando não precisarás de prova, é de França que vem o convite ficas ligada à Loja feminina que vou fundar em Portugal.

A minha recusa, amável, foi no restaurante do Polícia. Disse-lhe algo que ela se calhar já sabia: avô maçon, pai maçon e eu era uma estudiosa, mas não seria uma militante pois tudo o que se fecha em secretismo na vida pública me incomodava. E veio a palavra da tentação: "repara, se aceitasses o teu marido nunca mais teria problemas de trabalho... as Lojas ajudam os seus". Não lhe levei a mal. O meu marido tinha trabalho pelo seu mérito, não por filiações de ninguém. Mas era o país, e o mesmo se passava com os partidos políticos, cujas disputas tantas vezes estragaram o bom ambiente académico na nossa Universidade.

DIA DO IDOSO! Que hipocrisia, cada dia é dia de qualquer coisa...

Tenho ao meu lado os pensamentos de Hesse sobre a velhice. Não li tudo.

São pensamentos de um alemão pietista e junguiano que conseguiu uma velhice que chamarei de tranquila. Haverá poucos como ele, neste momento, aqui nesta Europa do Sul...

O sul das laranjeiras de ouro de Mignon... aí sim podíamos ser velhos e felizes!

Recupero a tradução que fiz há anos, para um recital de Lied do Nuno Vieira de Almeida:

Mignon IV

Conheces o país onde os limões florescem,
E brilha na folhagem escura o ouro das laranjas,
Do céu azul sopra um vento suave,
A murta silenciosa e o altivo loureiro,
Conheces?
Partir! Partir,
O meu desejo é ir para lá contigo, meu Amado.

Conheces a casa? Sobre colunas está pousado o tecto,
A sala brilha, refulge o aposento,
As estátuas de mármore fixam-me com o seu olhar:

Pobre criança, que fizeram contigo?
Conheces isso?
Partir! Partir,
É o que desejo, contigo partir, meu Protector.

Conheces o monte, o carreiro entre as nuvens?
A mula procura o caminho na névoa;
Nas grutas vive a antiga raça dos dragões;
Despenham-se os rochedos e em torrente as águas,
Conheces?
Partir ! Partir,
Seguir nosso caminho! Ó Pai, vamos embora!
(Goethe, Wilhelm Meisters Lehrjahre)

Quando li Hesse, preparando um pequeno ensaio sobre a sua obra, o romance de que mais gostei foi Demian: claramente iniciático e já carregado da sabedoria que culminou anos mais tarde no Jogo das Contas de Vidro. O que tenho agora à minha frente é uma tradução francesa de inéditos seus sobre a Velhice: Éloge de la Vieillesse. Mistura reflexões com pequenos poemas, alguns de grande beleza e sentido já do declínio e da morte, mas aceite de bom grado: no fim há também um recomeço, e o seu guia para este recomeço é o Tao chinês, como não podia deixar de ser! Ao contrastar juventude e velhice, observa:

"a juventude precisa de poder levar-se a sério. A velhice precisa de poder sacrificar-se porque leva a sério o que a ultrapassa". São dois pólos da vida diz, mais adiante. E temos de saber situar-nos...

Ontem não acabei o que ia dizer.

Mas o que teria dito ontem que não diga hoje?

Penso no romance que está escrito e onde evoco as aventuras do meu pai com a PIDE, no tempo de Salazar.

Entretanto, em Coimbra, um jovem livreiro e antiquário

encontra os meus livros antigos, e está a lê-los. Na verdade nunca senti e continuo a não sentir que um autor tenha de ser conhecido pessoalmente para que se goste da sua obra.

É até melhor que não seja conhecido por quem o lê, a leitura fica mais livre, será melhor entendida...

5 de Outubro

Celebra-se o 5 de Outubro. Ao meu pai diria muito.

Por isso, e porque este é ainda um esquisso de diário, correndo o risco de me repetir, posso já o ter contado algures, retomo o depoimento sobre o meu pai, que fiz a pedido do Prof. António Pires Ventura, historiador da Maçonaria em Portugal. Nesta altura ainda não tinha ido à Torre do Tombo, fui mais tarde, mas o que encontrei está incluído noutro romance, No Rio da Memória, e tem a ver com as sua múltiplas prisões pela PIDE/DGS. Na realidade, só um ano mais tarde fui à Torre do Tombo. E o seu ficheiro da PIDE, lido agora, é caricato, se não fosse, por parte da PIDE tão maldoso: preso em véspera de exames (estudava Medicina em Coimbra), mandado para a Relação do Porto onde até uma bala lhe meteram num joelho. As torturas eram a estátua (ficar em pé até rebentarem as veias) e muitas vezes a tortura do sono. Na verdade, comigo o meu pai não gostava de falar desses tempos. Sofri com a sua morte, o desamparo, naquele tempo, 1973, de um doente de cancro. Mas ao menos foi em sua casa, na sua cama de sempre, e acredito que foi a minha avó Rosa que veio buscá-lo, era o seu filho amado, apesar de tão insubmisso...

Ontem estive a rever o romance que chamei No Rio da Memória e que achei tão actual ainda, embora o tenha acabado, na primeira versão, em 2012. O país não muda, nem os problemas. Corrigi gralhas, bastantes, e agora está pronto. Não sei se está pronto, há ainda pormenores de que não gosto. Um livro nunca está pronto... Podia ser uma segunda parte destes apontamentos, se tivesse energia para alterar a primeira intenção, que era a do relato de coisas da família ou de um quotidiano mais ou menos respeitado. Não sei. No romance vão as prisões do meu pai, foram bem reais, embora não me demore a bater nessa tecla.

Soube agora que morreu o Jorge Reis, o saxofonista genial que ainda na semana passada ouvi tocar, no Hot Club. Nos intervalos vinha sentar-se ao meu lado, enorme copo de conhaque na mão, discurso já imperceptível.

Mas quando se levantava para tocar o céu parecia descer sobre ele, sobre aquela música tão intensa que eu pensava: pode morrer assim... E morreu hoje, em São José, internado de urgência. Vidas de grande abandono: não tinha família junto a si, foi crescendo entre drogas e álcool, e pelo meio a grande paixão da música. Estudou primeiro violino, depois só o saxofone o motivava.

Sucumbiu hoje a quê? Solidão, excessos, ideia de que ali, no meio de tanto som maravilhoso que lhe invadia a cabeça, os sentidos, o desejo, encontraria o seu espaço feliz. Amigo dos meus filhos, conheci-o cá por casa desde os seus quinze anos... sinto a sua perda com um desgosto que amarfanha o coração.

Morre-se, em noite de lua grande, em noite de lua má... É difícil explicar a quem não está doente, nunca esteve, não sabe o que isso é - que ao princípio o doente faz um esforço: toma comprimidos e disfarça o que pode. Começa então a fase das desculpas: não sai por isto ou aquilo, uma ou outra vez lá sai, sofrendo mas escondendo, tem vergonha de dizer que está doente.

Acaba por deixar gradualmente de aparecer, podia estar morto, era igual. Ficar em casa, escondendo-se de si e dos outros, é o mais cómodo, o mais fácil, já nem se dão explicações que já ninguém pede, ao fim e ao cabo um doente é uma pessoa que se torna pesada, desinteressante e deixar de o ver é um grande alívio, ainda que não confessado. Com o tempo perdem-se as amizades. Pois uma amizade que nunca se manifesta, o que é ? E começa, sobre o doente, o olhar de total indiferença: que fique lá na sua vidinha, nós continuamos com a nossa.

No Facebook as mulheres são as mais faladoras, são as que mais se expõem, fotos, sentimentos, convicções, doenças e curas - há de tudo.

Mas penso que no envelhecer da mulher, mais penoso do que o do homem, sem dúvida, o que faz falta é ser rodeada de mais amor, de mais companhia - muito mais do que quando era jovem e activa e nada lhe faltava.

Acabo de receber os exemplares das Três Cidras do Amor. Remonta a 1990 a primeira edição, e esta é fac-similada, acho que ficou muito bem. Talvez o azul da capa pudesse ser mais aberto. Mas como não pude ajudar em nada, sem sair de casa, deixei tudo ao critério do editor. Espero que a peça circule, e divirta.

Foi escrita a pedido do Ricardo Pais, à data Director do Teatro Nacional Dona Maria II, convite que aceitei e demorei o ano de 1989 a escrever. Inspirada no conto tradicional, mas sendo mais do que isso, eu acordava de noite com as "deixas" das personagens a rimar na cabeça, escrevia logo para não me esquecer... para mim foi muito divertido. Tinha algo a ver com outro texto, bem mais antigo, e atrevido, as Saudades do Paraíso que escrevi ainda em Coimbra, depois já em Lisboa, tendo tudo começado com o diálogo inicial no céu, entre Deus e o seu Anjo:

Deus aborrecido pergunta que dia é hoje?

e o Anjo responde, não menos deprimido: é a Eternidade, Senhor, é a Eternidade, como todos os dias... E por aí fora com Deus a sentir saudades do primitivo Éden e da sua velha Eva, para sempre perdida. Esta peça, um Sketch (na verdade ao modo de Prévert) foi representada por muito grupos de estudantes universitários, em Madrid, no Rio de Janeiro, etc. Esgotou e acabou, agora só tenho um exemplar, comprado num antiquário.

2 de Novembro

O António Lobo Antunes, pródigo em entrevistas, afirma em mais uma delas que o silêncio é, ou pode ser, tão mais revelador dos sentimentos, de amor, ou de amizade, que o silêncio é uma das formas de maior expressividade... e vai daí escreve mil páginas, ou duas mil, para dizer o que as palavras, "gastas", segundo ele, não conseguem já exprimir. Concordo. E por isso não abundo em palavras. E não dou entrevistas assim a torto e a direito... O pensamento torna-se banal de tão repetido.

5 de Novembro

O pior da velhice
não é perder a Razão
é perder a Paixão

Bom, vou fazer como toda a gente: Facebook. E afinal sempre chove.

O jardineiro que o condomínio chamou, ao fim de muitos protestos meus, com a árvore da borracha a entrar pela casa dentro, a encher-me de bicharada, acho que já falei dos ninhos de vespa... ainda continua ali, à chuva, a acabar o trabalho. Serrou mais troncos feiosos e tortos, agora o que fica parece uma escultura, veremos no que vai dar. Mesmo assim acho que o melhor era tirar a árvore toda, lenha para fogões, e plantar uma nova.

Muitos aniversários anunciados no Facebook.

Mas no meio do deslizar das páginas, e dos likes, ao pensar numa velha amiga, agora cega, e que não vejo há muitos anos, ocorreu-me a palavra Compaixão.

Compaixão é a palavra certa, para estes tempos que vivemos, separados uns dos outros, porque a vida separa, não une, a velhice vai deixando as suas marcas, físicas e psíquicas, mais estas até do que as outras, e impunha-se um sentimento, um movimento, a compaixão, pelos outros de quem nos afastámos, e quem sabe se até mesmo por nós próprios, também ao abandono, sem saber.

Compaixão: não é virtude, é sentimento, é gesto de carinho de quem lembra, de quem não esquece, embora não esteja presente, por qualquer razão.

Compaixão: fico a pensar, como quem sente, a sentir, como quem pensa... como quem se lembra ainda do muito ou do pouco que deu ou recebeu.

Compaixão: tem o prefixo da partilha com outrem; e tem o impulso generoso de quem ama e se entrega.

Chegou na data prevista o Two for the Road, de Stanley Donen, com a bela Audrey Hepburn. Comédia romântica, elegante em tudo, ambientes, figurinos, diálogos talvez um pouco datados, estamos no século XXI, de comunicação mais rápida. Mas muito bom.

Penso outra vez na entrevista do António Lobo Antunes ao Público: um ego gigantesco e afundado em si mesmo. Sempre que leio ou vejo uma entrevista sua perco a vontade de o ler.

Mas estou interessada, porque achei o título genial, no Não é Meia-Noite Quem Quer. Talvez o procure amanhã na livraria. Se a letra fôr grande, compro e leio. Se fôr pequena, paciência. Já há muita coisa que deixei de ler.

Deixei que a SPA me fotografasse para o livro que preparam. O fotógrafo é um artista muito gentil, eu disse que não tantas vezes, ao telefone, mas ele não estava zangado, quando apareceu cá em casa.

Comecei a ler A Infância de Jesus, de Ratzinger. O importante, que me surge como revelação, é o seguinte: que Deus criou o Homem, o Primeiro Adão, à sua Imagem e Semelhança, fazendo desse Adão seu filho, tendo depois retirado do seu corpo uma costela com a qual cria Eva, a Primeira Mulher. Adão e Eva na raiz da origem da Espécie. Mas gerações mais tarde, e com uma promessa carregada de mistério, feita a David, desenha-se, por assim dizer, uma nova genealogia, que conduzirá a Jesus. Deus refaz nele a criação da Espécie: tira o novo Homem (Jesus) da nova Eva, a Mulher que é a Virgem Maria.

Quando lhe perguntam "de onde é Ele" ele sabe que é do Céu, como tem de ser do Ceú a Mulher de cujo corpo divino veio a nascer. Deus adquiriu uma outra faceta, de Eterno Feminino, na Conjunção do que já se manifestara nos primórdios da Criação. Reverteu o processo inicial da Criação para que se tornasse mais clara (mais profunda?) a humanização da Divindade.

Preciso de meditar melhor. O Mistério permanece. Quando no Evangelho de João se proclama que ao princípio era o Verbo, e o Verbo se fez Carne e habitou entre nós - essa era a carne da Virgem e do filho nascido dela, um Jesus que não repetia a incompletude do Adão de outrora, cuja linhagem se tinha já extinto, para dar lugar a uma outra linhagem que, de David, o Rei, conduziria a Cristo Redentor. Foi então preciso criar duas vezes o mundo, criar duas vezes o par Homem-Mulher, sendo que também esta teria de ser nascida de si mesma (não há relatos da sua genealogia) como deusa virginal, e Rainha dos Céus, também ela. Ratzinger consegue que eu volte à Bíblia, ao Antigo e ao Novo Testamento, sempre que leio um dos seus livros. Agora acontece o mesmo. O Deus antigo é um criador absoluto, todo poderoso, omnipresente além de omnipotente. Colocou o Par primordial num Jardim em que poderiam, na sua inocência, feita da ignorância de si próprios, circular à vontade e comer de todos os frutos excepto dos da Árvore do Conhecimento e da Árvore da Vida. Deus terá sido traído pela Serpente, o rosto perverso do Anjo, ou terá no mais íntimo de si desejado que Adão e Eva caíssem, fossem expulsos do Paraíso, para que se iniciasse alguma outra linhagem? A verdade é que foi o que aconteceu: Eva come da Árvore da Ciência do Bem e do Mal, e dá a comer a Adão.

Também que seja da mão da mulher que nasce o pecado é algo que nos obriga a reflectir um pouco mais, porque só assim se entenderá que mais tarde seja do corpo de outra mulher, Maria, a nova Eva, que nasça a Redenção.

Que ciência, ou que conhecimento, adquirem os pais primitivos depois de comer da maçã? Que têm corpo, que estão nús, ou seja desprotegidos perante o olhar de um Deus a quem desobedeceram. Este não era um deus protector, era um deus justiceiro, que logo os castiga e expulsa de um Éden que poderia ter sido perfeito - mas enraizado numa ignorância de si que a História, no Antigo Testamento, não permitiria. O contraste, em relação ao Novo testamento, é que apesar do mistério - muito mistério permanece - tudo nas narrativas Evangélicas conduz ao esforço de perceber, de aceitar com devoção, que se é humano e que através do nascimento de Jesus, por intermédio de Maria, as contas estavam saldadas, entre a imperfeição da espécie e a volúpia castigadora de um Deus cruel, agora ultrapassado pela Virtude e pela Compaixão. A ideia de Amor banha o universo criado, em todo o seu esplendôr. Por via da aceitação feminina. A Mulher entra, com Deus, no novo Reino dos Céus.

6 de Novembro

Chove imenso, a terra agradece.

Eu tenho saudades das lareiras enormes da Rua Sousa Martins, onde vivemos antes de vir para esta casa. E da lareira de Payres, onde a minha cunhada Lota preparava muitas vezes o jantar...

À roda de uma lareira acesa as almas também aquecem.

Antes do almoço espreito o Facebook.

Hoje é talvez 15 de Novembro? Não sei e não me apetece ir ver na agenda.

No meu e-mail tinha um poema lindo da Teresa Horta. O novo livro, As Meninas, estará para a semana nas livrarias. Penso que tem sorte, a sua editora está sempre disponível para tomar conta dela. E ainda bem, vive entregue a uma escrita límpida e profunda, talvez só com paralelo na Sophia. Por alguma razão - os amigos do Brasil, o Leonardo Chioda, de brincadeira, comentariam é o seu Karma! Ah, o Karma, tem tanto que se lhe diga. Esse destino somos nós a tecê-lo, na grande teia de Maia - a ilusão, de que fala Schopenhauer, conhecedor das doutrinas hindús... O véu da ilusão. Vivi se calhar e agora me dou conta disso, entre ilusões: amar, e como Rilke afirmou, nos Cadernos... que é melhor amar que ser amado. Era a propósito da Portuguesa, das célebres Cartas.

Sei que amei. Mas também não vou escrever sobre isso.

Tocaram à porta e era a Teresinha, minha neta, recém-chegada de Nova Yorque. Uma alegria e um divertimento, sempre que ela aparece, a correr, para almoçar entre duas aulas! A Júlia faz-lhe a trança loira, bem apertada, porque depois das aulas segue para os treinos de Muai-Thay.

Em Nova Yorque, com a mãe, visitou tudo o que é possível em oito dias: museus, passeio no Central Park, uma Galeria de Arte, a Barnes and Noble, minha livraria preferida de quando lá estive, Brooklyn, agora bem diferente, é bairro chique, como o Marais em Paris, o BAM, onde Bob Wilson estreou Einstein on the Beach. Tudo mudou, ainda bem. Durante o almoço, o que a Teresinha mais salientou é que sentiu ali que se vivia livremente, cada qual como era, se era louco, com a sua loucura, sem que ninguém se importasse com isso. Num café onde tinha ido com a mãe, e serviam refeições, ficaram ao lado de um jovem que estava com um sushi na mão, e de repente exclama:

What? Who put this fucking carrot in my sushi? e tentava tirar à força a cenoura de dentro do sushi - difícil, porque estava picada... Ó avó mas ninguém se importou, nem lhe disse nada! À saída, enfiando uma banana na mochila, para o lanche, riu para mim: aprendi mais inglês nestes dias do que todo o ano com a professora...

Nunca esquecerá esta semana!

Será que compro o livro do trisneto do Eça de Queirós? Que ganhou o Prémio Leya e de quem todos falam? Hesito, não gosto destes sucessos imediatos, destas genialidades. Ele diz que escreve desde pequeno. Todos nós, que escrevemos, é desde pequenos. Que aos 16 anos parou de fazer poesia, percebeu que o seu caminho era outro. Formou-se em literatura portuguesa na minha UNL. Trabalha como assistente editorial numa grande editora... isso terá ajudado? Quando fôr à Pó dos Livros folheio e logo vejo se a prosa me seduz.

Agora hesito: procuro ou não um editor para o meu romance por onde deixei entrar o meu pai? Por causa do meu pai, gostaria que fosse editado.

Por mim acho que já esgotei, ao longo dos anos, tudo o que podia e gostava de dizer. E quando tudo está dito não se deve insistir. Mas nunca se sabe...

16 de Novembro

Afinal ontem estava certa, na data. Hoje: um dia tristonho.

Averiguações a altas figuras do Estado, por corrupção na cedência dos vistos Gold. Parece o país todo, mas todo, apanhado por desvios e corrupções. Acordo e adormeço banhada em desvergonhas! Como falar a netos de um país assim? Impossível amar, ser patriota no respeito desta gentinha que pulula e rouba e nunca há castigo para ninguém, das denúncias (ao menos fica-se a saber, diz uma amiga minha) pouco se ralam, andam rolando por outras esferas onde o conceito de moral não existe... Rotinas: acordo com o despertador, às oito e meia da manhã. Volto a adormecer e acordo por volta das dez horas.

Parece-me bem, porque tomo remédios para dormir, e tenho de dormir.

Tocam à campainha, é a Veroca, vem almoçar e falar comigo sobre o Sermão aos Peixes do Padre António Vieira. Os seus professores são assim: tens aqui um extracto de um sermão do Padre António Vieira. Lê e depois explica o que é! Ora, nem uma palavra sobre a vida e a obra do Padre António Vieira, o século em que viveu, o que fez em prol da libertação dos escravos, no Brasil, e qual a razão que o leva a evocar um Santo do século XIII, o nosso Santo António, e essa lenda do sermão aos peixes. A pretexto de que são alunos de Artes, um papelinho e duas "bocas" foleiras, para os alunos depois fazerem o trabalho que seria do professor - chega muito bem. Se eu soubesse transpôr este desabafo ia já para o Facebook, mas como não tenho essa aptidão tecnológica, ficará por aqui.

Na televisão discute-se a falência do Banco BES, o nosso último gigante - mas pelos vistos de pés de barro, e a remodelação ou não governamental.

Penso que neste momento, a poucos dias do Natal, a poucos meses de novas Eleições, tudo o que o PM faça não levará a nada. Continuaremos mergulhados num lamaçal em que a estrutura de um Estado que devia ser sólida, honesta, de referência se afundou por completo.

Chove.

Tenho frio, mas é na alma.

Portugal joga contra a Argentina, alguém aqui me pede que lhe envie um poema de Paul Celan. Não sei onde tenho o livro das Sete Rosas mais Tarde.

22 de Novembro

Consideradas já todas ou quase as hipótese dos outros espaços, no vasto universo, conhecido e por conhecer, eis o que nos fica ainda para descobrir - e viver - o TEMPO IMAGINÁRIO. Assim me deixa esta noite Stephen Hawking, com este novo conceito, que ele considera real, possível, num outro universo, ou mesmo até neste, quando formos capazes de descodificar o seu mistério.

Falta-me o conhecimento da Física, da Matemática, das equações que só ele saberia desenhar e explicar. As poucas que vejo nos seus quadros, são para mim como os quadros de Michaux, o poeta dos inúmeros exercícios caligráficos chineses. Olho o céu, busco nas estrelas, que são espaço, onde poderia viver o tempo imaginário... Nos sonhos vivemos um tempo e um espaço imaginários, vivemos formas arcaicas, situações arquetípicas, que se diluem no acto de acordar. O que fica desse tempo? A memória, o mesmo que fica desse espaço.

Serão inseparáveis? E a meditação do espaço será a meditação do tempo?

O Tempo terá de ser algo mais, muito mais: o de nascer, não sabemos de onde, nem de que apelo a ser, na existência - essa sim um espaço-tempo reconhecíveis, como o Dasein de Heidegger. E depois o da sua extensão, a nossa vida, até ao momento em que tudo se apaga e se extingue: o passado que fora, o futuro que já era, contido no passado e no presente. Esse é o tempo que podemos descrever. Mas o Tempo Imaginário? O que leva Heidegger a filosofar sobre o Ser e o Tempo: SEIN UND ZEIT? Este seu tempo não é imaginário, ele concebeu-o na materialidade do ser e da existência. Não é o Imaginário de Hawking, algures noutro universo, paralelo, mas simultâneo...

Os universos que Hawking concebeu são todos simultâneos, permeáveis e a nós o que nos falta é a capacidade de circular entre eles. O Tempo Imaginário: o que vivemos por dentro, com batimento próprio, ou o tempo que já vivido esquecemos? E se existe, em que pregas da memória - outro universo - se esconde? A palavra Imaginário não é uma escolha de acaso: deriva de imaginação, da capacidade de imaginar que nos é própria. Mas podemos imaginar um tempo como imaginamos um espaço? Um espaço que se desenha, se arquitecta, se pinta, se forma e se deforma? Que se contempla, seja cidade, campo, mar ou montanha? Falamos de um tempo interior, - o dos místicos; ou de um tempo cronometrável, horas dias, meses, anos, séculos. Mas Hawking queria dizer mais do que isso. Um tempo imaginário, vivido como, ou medido como? se numa viagem espacial feita por um gémeo, de outro que fica em terra, o que ficou envelheceu, no seu tempo, e o outro, ao regressar, tem a idade que tinha e surgindo mais novo do que ele? Eu apercebo-me de que ao ter envelhecido vivo agora um tempo que se contrai. Ainda há pouco era domingo e agora já é quinta-feira e vem lá outro domingo. Vivo um tempo "concentrado", contraído - não encontro palavra melhor para definir o que vivo e como vivo. Deverei procurar em místicos ou em poetas? Ou continuar com a relação espaço-tempo, que é também tão complexa para um leigo. Nos místicos, no momento da Revelação, o que se descobre é um Tempo instantâneo, vertical. Alguns santos levitavam, esse Tempo fazia oscilar o Espaço...

Hoje abriu o sol, a Teresinha chegou de manhã cedo, não tinha aulas.

Falou-se de que vai acabar o chocolate, mandei-a logo à rua comprar tablettes, boas e grandes, da Regina... Apareceram ainda o Pedro, e a Paula Oliveira, a adorável amiga, cantora, do Just in Time. O disco está a fazer o seu caminho, há vários concertos já marcados. O disco, para os músicos, é como os livros para os poetas. Fixa a inspiração do momento.

25 de Novembro

Sócrates condenado a Prisão Preventiva, levado ainda ontem à noite para Évora, onde a sua segurança pessoal pode ser melhor garantida. Começou a telenovela de que iremos tendo notícia. Mas para mim o importante foi o encontro com António Ventura, Professor Catedrático de História de Portugal, Moderna e Contemporânea e que acabou de editar um gigantesco volume sobre a Maçonaria em Portugal, desde a fundação, no século XVIII até fins dos anos oitenta do século XX. Trouxe dois volumes, assim vou lendo um e o outro o Binau ou guarda ou oferecemos. Recebeu o Prémio Gulbenkian de História, um prémio bem merecido, o trabalho que ali tem é enorme, cuidadoso na ordenação, na informação, simples e directo na escrita - e last, but not least, tem a participação do meu avô e do meu pai, na Loja Liberdade de que o avô terá sido fundador. E há ainda um Maldonado - terei de ver melhor, que será do lado da minha avó Rosa. Fui ver e o António V. tem Facebook: quem não tem, hoje em dia? acompanharei as imagens, porque é mais o simbolismo das imagens que me pode interessar. A herança da Maçonaria europeia vem de tradições mais antigas, que a doutrina maçónica tentou simplificar num modelo universal e racionalizante, olhando para os direitos elementares da pessoa humana nas suas variedades geográficas, culturais, sociais e religiosas. Lessing, no século XVIII alemão, é um bom expoente, neste sentido. Mas quanto ao ideário e ao imaginário simbólico, devemos buscar mais longe no tempo: Velho Testamento, Egípcios, Alquimistas de Alexandria, Kabalistas da Idade-Média hispânica, Cavaleiros Templários, Rosa-Cruz (na Alemanha e na Europa do século XVII) até chegar ao momento presente com os ideais de Liberdade, Igualdade e Fraternidade que a Revolução Francesa de 1789 quis assumir. Poder-se-á então, com René le Forestier, estudar um dos aspectos mais interessantes da Maçonaria na Europa: o lado templário e ocultista. Em algumas jóias maçónicas, ricas de pedras preciosas, e em alguns aventais primorosamente bordados surge o pelicano, dobrado sobre si, alimentando os filhotes com o seu próprio sangue.

Emblema alquímico por excelência, podemos encontrá-lo em códices antigos dos séculos XIV-XV, tal como a águia de duas cabeças, ou a fénix real. Entre a "distribuição" generosa do Saber que para mim significa o pelicano e a realeza da Sublimação da Pedra que são a

Águia ou a Fénix, o mais interessante é esse conceito de distribuição - ainda que sacrificando a própria vida, dando a beber o próprio sangue - de um Saber que se possui. Também Cristo dá a beber o seu sangue aos discípulos, e vemos gravuras em que a Pedra Filosofal é identificada a Cristo. Assim permanecem, ao longo dos séculos, no nosso imaginário, o que Jung chamou arquétipos, estruturas míticas, fundadoras.

2 de Dezembro

Acordei de madrugada, de novo um sonho com a mãe.

Estou em casa, numa salinha, o jantar está pronto, à espera dela.

Vejo na cozinha, sobre o fogão, o tacho do arroz e ao lado o que se vai deitar por cima, um preparado, não sei bem de quê, legumes, ou carne, ou talvez gambas? Espero e como a mãe não aparece vou espreitar ao quarto, penso se calhar foi deitar-se sem me dizer. Abro a porta e de facto está metida na cama, a dormir, o barulho da porta acorda-a, mas não diz nada. Digo, ah, veio deitar-se, não me disse nada... ela não responde e então acordo eu. É de madrugada ainda, é sempre assim quando tenho estes sonhos. Fico com essa imagem da mãe metida na cama, toda tapada, a dormir no quarto às escuras. Escusado dizer como é grande, agora, a minha ansiedade...

7 de Dezembro

E hoje o país festeja os 90 anos de Mário Soares, o meu Presidente do coração: a coragem, a cultura, o gosto por livros, por pintura, a mesma casa de sempre ali ao Campo

Grande, e uma energia invejável, sempre fiel e disposto à batalha.

Há muito nele em que revejo o meu pai: o republicanismo, a entrega à luta permanente, a coragem, ser preso tantas e tantas vezes, e morrer numa entrega simples à doença e à morte, a traduzir Shakespeare... Soares ao menos foi preservado pela sua alegria de vida.

Acordei a pensar o que nos leva a escrever, a nós escritores. Acho que posso falar de mim assim, sem pompa, sempre escrevi, sempre gostei de escrever, a escrita era uma espécie de impulso a que eu tinha de ceder. Houve alturas em que pensei, para mim a escrita é a vida. É a outra vida, ao lado da vida normal, familiar. Da vida normal, principalmente quando há filhos, a casa é grande, e a somar há ainda uma profissão (eu era Professora Universitária) não se pode fugir. Rotinas, por vezes cansativas, e trabalho. Mas na escrita a libertação é total. Se queremos escrevemos, se não queremos fazemos outra coisa. A nada somos obrigados - a não ser por aquele impulso profundo. Escrevemos, então, antes de mais, para nós e por nós. Uma espécie de reencontro com uma parte perdida, ou esquecida, ou escondida de nós mesmos. Atribui-se a Leonardo da Vinci esta frase: "cada pintor é a si mesmo que pinta". E Duerer observa igualmente: " muitos pintores produzem algo que se lhes assemelha". É se calhar o que acontece, quando tentamos interpretar a célebre gravura da Melancolia I, em que se exprime uma melancólica essência, um desalento de asas caídas, que poderíamos assimilar à Anima do pintor, em determinado momento da sua vida, da sua produção. O mesmo se dá com quem escreve. Escreve-se por necessidade, a depressão ou a melancolia que muitas vezes acompanha o gesto de criar deve-se ao espaço que uma palavra ainda omissa terá de preencher. Se é afinal tão íntimo e secreto esse impulso da escrita, por que surge então a ideia de depois publicar? Sentimos que devemos partilhar com outros as nossas ideias (não me refiro aos ensaios de investigação, aí a finalidade é óbvia, distribuir as nossas curiosidades, ver se foram úteis, de algum modo). Ou partilhar sentimentos, emoções, reacções, construções ou desconstruções de géneros, estilos, temas de tradição ou totalmente inovadores?

O prazer que essa escrita já nos deu tem de ser partilhada porquê? Não cumpriu já a missão principal, que só a nós diz respeito? Levamos ao editor, propomos publicação. E corre-se o pior dos riscos: dizer não à festa dos lançamentos. Todos anunciam, todos querem... e eu lembro-me das sábias palavras do Manuel Alberto Valente, quando a propósito de um livro meu, comentou: tens razão, não servem para nada. Vendem-se 20 ou 30 livros, gasta-se dinheiro no aluguer da sala, nos cocktails, fala-se uns com os outros, alguns pedem autógrafos (porque os coleccionam, mas se calhar nem lêem!) e eu fiquei tão aliviada.

Não queria fazer, nunca fiz e também não fiz naquele caso um lançamento. Foi óptimo. Gosto que o livro siga devagar o seu caminho, há-de chegar um dia a quem gosta de ler. Neste momento penso, mais do que escrevo. Alguém há-de dizer o que eu agora não diga... a vida é assim mesmo. As ideias pairam no ar. E a vida mudou tanto: a lentidão é atropelada, impera a velocidade, o olhar rápido, quase só espreitadela, nada fica, tudo esquece... Ora para mim pensamento e escrita são exercícios lentos, cada vez mais lentos, para qualquer ideia (semente) poder frutificar. Dá trabalho, esperar pela palavra, encontrar a palavra certa. Imenso trabalho. Rever e repetir, rever e repetir, até à exaustão. A infância, quando me perguntam, tenho de dizer: foi agitada, e eu fui sempre uma criança mais séria do que as outras. Em minha casa havia silêncios, nem todos podiam vir, só os amigos mais íntimos do meu pai, os que falavam francês, para a minha mãe entender. Mas mesmo em família: eu vivi frequentemente em Lagos, com os meus tios, segundos pais, ou em Paris, outros segundos pais, principalmente a tia Guenia, minha madrinha e que parecia, já eu adolescente, um meu alter-ego, radioso, em contraste com a Sombra que eu transportava comigo. Em Paris, em casa dela, a felicidade, se é que existe, o prazer da vida, a descoberta do Belo na Arte, o convívio sempre bem disposto, um sentido de humor irresistível. Ali nunca fui triste, nunca fui solitária. Não havia sombras que pesassem.

11 de Dezembro

Dia de sol maravilhoso. Apareceu a Teresinha, o esplendôr loiro do Muai Thay!

Pergunto vens fazer a trança? (É a Júlia que lhe faz uma trança no cabelo, quando ela vem cá almoçar, e segue para os treinos).

-Não, venho comer imenso.

E sentamo-nos e come: dois pratos de sopa, como o Ronaldo diz que fazia. Ele comia três pratos de sopa, ela é menina, come dois!

E a conversa segue por aí, os treinos, as aulas, o Natal que será no Alentejo, no "Moínho", com a outra avó. Uma adolescente feliz, e nós, cá em casa, derretidos.

12 de Dezembro

Um frio de rachar.

Faz anos o Miguel, 48!

Espanto-me com os números, mas não mentem.

Para o ano o Bernardo fará 50.

E como será para o ano a vida de todos eles?

Acaba de chegar no mail o prefácio que a Manuela Nunes escreveu para Nathan o Sábio, de Lessing. É uma germanista fora de série e uma mulher maravilhosa.

Cumprindo aquela estranha e algo vaga promessa de não procurar ser editada (não é o mesmo que deixar de escrever) venho para o computador e hesito.

Saiu a Teresinha, de linda trança feita pela Júlia. Vejo nela o brilho do sol, e ainda bem que volta amanhã, há pataniscas com arroz de tomate, que ela adora.

20 de Dezembro

Estou a escrever no meu blog de literatura e arte sobre a Mandorla de Paul Celan, e uma coisa trouxe outra à ideia. De novo, a interrogação. A existir só pode ser como a de Alice no País das Maravilhas, interrogação sobre quem se é, ou o que se é, e se tal ser ou não ser varia com os momentos, com a tal circunstância. Na verdade, não sabendo quem se é, como responder a quem nos chame? A interpelação vem pelo nome. E o nome, ah, o nome, é dele que Celan se ocupa, tentando descobri-lo, pronunciá-lo, repeti-lo, até à exaustão.

21 de Dezembro

Há o tempo dos rápidos - estão por todo o lado - e há o tempo dos lentos - não estão em lado nenhum. Hesitei em dizer isto no Facebook, acordei hoje com esta frase, depois achei que ficava melhor aqui, onde pode ser lembrada.

No Facebook, exemplo perfeito do tempo dos rápidos, tudo passa e se esquece.

existe para ser visto, não para ser lido. Mas não deixa de ser espantoso como por ali passam multidões. Existem, por um breve momento. Deve ser isso que os move, a necessidade de existir. E a mim, o que me move, quando escrevo?

Ou quando num blog falo de Celan ou de Pessoa? Os que tinham uma fome imensa de ser e de existir. Eram, quando escreviam.

22 de Dezembro

Sonho:

Trazem-me à porta uma gaiola grande, rectangular, com um casal de periquitos, um é branco, o outro azulado, e eu penso não posso ter pássaros, sou alérgica.

Fico a segurar a gaiola e o periquito branco incha, como um balão, e sobe no ar (a gaiola não tinha parte superior) e (explode?) desaparece. Enquanto ao outro ia acontecendo o mesmo, vejo no chão dois minúsculos passarinhos, tão pequenos que mal se viam, e atiro um pano sobre um deles, para ele não crescer e voar. Acordo. Já não sei como ler estes sonhos, vou ver ao dicionário de símbolos o que significa esta volatilidade que me retrai... pode ser muito simplesmente uma memória dos jogos das crianças no iPad, são com pássaros que explodem! Também joguei com eles às vezes, com os netos pequenos - são viciantes.

O que eu queria hoje era um poema. Palavras que tivessem sentido, palavras que me levassem, para onde não sei, é tão estranha esta sensação de que para mim a escrita acabou.

24, 25 de Dezembro

O Binau fez tudo, praticamente sozinho, eu tomei conta da sopa, para não se agarrar ao fundo do panelão. Sopa de feijão encarnado com grelos, que por sorte ficou óptima. Nunca sei o que vai acontecer. Desta vez as batatas não se desfizeram, o bacalhau tinha posta excelente, enfim correu tudo lindamente desse ponto de vista, que me deixa em pânico. Não sei cozinhar, e estes dias de festa aterram-me, se alguma coisa não sai certa, como deve ser. Depois, como sempre, vão chegando uns e outros, filhos, noras, netos e netas, cunhadas, sobrinhas e sobrinhos, alguns jovens amigos e o tempo de tão divertido, tão descontraído, fica suspenso, parece não existir. Tenho em regra ajuda, no dia 26, quando a Júlia não vai ao Minho. Aconteceu desta vez, uma bênção!

Ofereci à Martinha uma aguarela do Witold K., o pintor polaco que foi amigo da tia Guenia, que o expôs na sua galeria des Quatre Saisons, nos anos 60, em Paris. E estive a imprimir os pequenos posts que tinha espalhados pelo meu blog de literatura e arte. Agora o resto do dia: preguiçar?

27 de Dezembro

Tanta gente a fazer anos, no Fb , este mês! O que será que nos leva a vir da manhã ver o que se passa, ou na televisão ou no Facebook ou no e-mail? Que impulso de curiosidade é este, que não existia no tempo do telefone? Os filhos e netos fazem o mesmo com os iPhones, eu não, porque não tenho. Saber como vai o mundo? Como vai o país? Como reagiu alguém ao que foi colocado no ar? Não é bisbilhotice, é pior, é ansiedade ou aborrecimento puro e simples, a pedir distracção. E ainda não falei dos blogues. Depois de ter escrito o post ver quem reagiu e como, se valeu a pena o trabalho que se teve. Porque os meus posts dão trabalho, demoro algumas horas, por vezes dias, desejo desenvolver um pensamento original, dar algum contributo a quem me lê. Penso que tenho mais leitores no Brasil do que em Portugal, por estranho que pareça. Aqui estou como num diário. Mas se não estivesse, estaria a escrever? E depois, rever e tentar publicar? Trabalhar seria agora para mim descobrir nova matéria, novo tema, e escrever mesmo a sério. Ou então rever o romance onde entra o meu pai, um pouco das suas aventuras com a PIDE e decidir de vez se publico ou não. Ou arrumar os poemas que fui metendo numa pasta de cartão, desde 2012 até agora. Hesito porque são tristes: houve tanta morte desde essa altura...

31 de Dezembro

Abri o Yi King ao acaso. A imagem foi o vento soprando sobre a água. Dissolução. Como de costume, permite leituras ambíguas, na dissolução há o bom e o mau. Perder-se o bom faz com que outra energia melhor lhe suceda?

Perder-se o mau faz com que seja o bom a ressurgir? Os alquimistas falam do *solve et coagula*, como fases do processo da Obra: dissolve e fixa. Eu teria muito para dissolver, a ansiedade do dia, da tarde, da noite... Está sol, vou até à varanda. Ao sol esvazia-se a cabeça. É uma forma activa de dissolução.

Naqueles anos de Verão no Algarve, podia-se ver a estrela ALGOL no céu.

Enorme, brilhando. Subíamos com o Binau ao terraço da casa e ficávamos a ouvir uma lição sobre Algol e outras estrelas que só se viam bem, a olho nú, em determinadas alturas. Aulas de astronomia. O mais interessado era o Miguel - de resto acabou mesmo por se doutorar em astrofísica. Lembro-me que desde pequeno, ainda bebé de colo, se íamos à varanda, na casa da Lins do Rego, ele olhava para o céu, ficava a olhar, gostava de ver o céu. Hoje na cidade é impossível ver o céu, seja de que varanda fôr. Só se vê a lua, nada mais do que a lua. É preciso sair da cidade.

Printed in Great Britain
by Amazon